Emilia Asnaghi Raffaella Gaviani

# Raccontami

## Il mio quaderno INVALSI 3

Lattes

*Progetto grafico e copertina*
Gandini & Rendina (Milano)

*Impaginazione*
Edit3000 (Torino)

*Illustrazioni*
Gianfranco Spione, Rino Zanchetta (Riz)

*Coordinamento prestampa*
Gianni Dusio



**www.latteseditori.it**

**info@latteseditori.it**

ISBN 978-88-8042-515-1



Prima edizione 2011

Stampato in Italia - Printed in Italy
per conto della casa editrice da
Vincenzo Bona SpA - Torino

| ristampa | anno |
|---|---|
| 4 5 6 7 8 9 10 | 14 15 |

# Indice

## Per la Prova NAZIONALE 

# L'Esame di Stato

« *Gli esami non finiscono mai* »

E. De Filippo

**CONOSCENZE**

> Le finalità e le caratteristiche dell'Esame di Stato

**ABILITÀ**

> Saper applicare il metodo di lavoro e di studio

# L'Esame di Stato

## STUDIARE PER GLI ESAMI

Tutto il lavoro scolastico di quest'anno sarà indirizzato verso l'**esame**, previsto alla fine del triennio della **Scuola Secondaria di I grado**. Secondo gli ordinamenti attuali, è il primo *Esame di Stato* al quale dovrai sottoporti.

Gli esami hanno un **valore educativo** importante. Essi sono anzitutto un bilancio, cioè un momento di **verifica del lavoro svolto** dall'alunno nel percorso di studi, ma sono anche un'**esperienza positiva di apprendimento**, in cui lo studente si misura con sé stesso e dimostra il livello di maturazione e di preparazione culturale a cui è giunto. Per questo vanno affrontati con serietà e con organizzazione.
In queste pagine cercheremo di darti delle indicazioni, utili per affrontare l'esame con serenità.

### COME PREPARARSI ALL'ESAME

Non c'è dubbio che uno **studio regolare e costante** sia il mezzo migliore per prepararsi all'esame. Capita invece molto spesso che gli alunni incomincino a lavorare intensamente qualche giorno prima dell'esame. Questo è un metodo che non può funzionare: anzitutto perché una materia appresa in fretta è anche dimenticata in fretta; poi, perché uno studio accelerato fa aumentare l'ansia; infine, perché uno studio superficiale aumenta la paura degli esami. La preparazione stabile viene da lontano, comincia **all'inizio dell'anno** o, meglio, all'inizio del triennio. Insomma, un buon esame non si improvvisa!

Quando si avvicinano gli esami, però, devi organizzarti e adottare strategie efficaci di lavoro. Qui di seguito metteremo l'attenzione su alcuni elementi importanti, sia per la prova scritta sia per quella orale.

- **Ansia**. Una certa ansietà, quando si affronta un esame, è inevitabile. Alcuni alunni sono ansiosi per natura e a ogni verifica hanno reazioni emotive di tensione e di nervosismo; altri, invece, "si bloccano" perché hanno studiato poco e male. Per controllare l'ansia devi riuscire a modificare i pensieri negativi (*non ho più tempo... non ce la farò mai... non mi sento pronto...*) e, magari, utilizzare anche qualche tecnica di rilassamento (in circolazione ci sono dei buoni manuali). Secondo noi, comunque, è meglio puntare sulle buone strategie di studio. Il lavoro, fatto con metodo, ripaga sempre.
- **Orario**. Si ha quasi l'impressione che il tempo manchi. Stabilisci in anticipo **quanto tempo vuoi dedicare** a ciascun argomento o a ciascuna materia, cercando di rispettare sempre la "tabella di marcia". Naturalmente, non devi "soffocare", ma devi prevedere anche il tempo del riposo.
- **Ripasso attivo**. Non puoi pensare di studiare in pochi giorni tutti gli argomenti. In questa fase ripassa ciò che conosci già, per rinforzare la memorizzazione. In questo senso può tornarti utile l'uso di **appunti**, **ta-**

**belle**, **schemi o mappe concettuali**, che permettono di avere la visione d'insieme delle materie. È preferibile non rileggere i libri di testo, se non quando ti vengono dubbi sull'esatta interpretazione di qualche concetto. Inoltre, è meglio riflettere sul significato degli argomenti trattati che memorizzare senza comprendere.

- **Esposizione**. Può essere efficace esporre a qualcuno (genitori, compagni...) l'argomento che stai ripassando: è un modo per acquisire scioltezza e sicurezza. Una strategia utile è quella di **simulare la situazione d'esame**. Pensa alle domande che gli insegnanti potrebbero rivolgerti e rispondi, senza controllare gli appunti.
- **Il giorno dell'esame**. Il giorno dell'esame si prepara alla vigilia, anzitutto con un buon sonno: una mente fresca serve molto di più di qualche nozione supplementare dovuta a una notte insonne. Inoltre, la sera prima, è bene fare qualcosa di distensivo (parlare con gli amici, guardare la TV, ecc.) e preparare tutto il materiale necessario: penne, matite, calcolatrice, vocabolario, ecc. Al mattino evita di arrivare troppo presto a scuola: l'attesa potrebbe aumentare il tuo livello di ansia.

## LA PROVA SCRITTA DI ITALIANO

Le prove scritte sono decise dal Ministero e riguardano: l'**italiano**, la **matematica** e le **lingue straniere**. Nell'ambito di questa antologia, naturalmente, analizzeremo la **prova di italiano**.
Vediamo, anzitutto, che cosa dice la legge.

«Le tracce per la prova scritta, in numero di tre, fra le quali il candidato opererà la scelta, debbono essere formulate in modo da rispondere quanto più possibile agli interessi degli alunni, tenendo conto delle seguenti indicazioni di massima:

| ESPOSIZIONE | TRATTAZIONE | RELAZIONE |
|---|---|---|
| in cui l'alunno possa esprimere esperienze reali o costruzioni di fantasia (sotto forma di cronaca o diario o lettera o racconto, ecc.) | di un argomento di interesse culturale o sociale, che consenta l'esposizione di riflessioni personali (testo espositivo o narrativo). | su un argomento di studio attinente a qualsiasi disciplina. |

La prova scritta dovrà accertare la coerenza e l'organicità del pensiero, la capacità di espressione personale e il corretto e appropriato uso della lingua. Durata della prova: quattro ore.»

dal D.M. 26 agosto 1981 – G.U. n. 249 del 10 settembre 1981

In ragione di tale norma, le tracce devono essere collegate con il percorso didattico del triennio scolastico, con particolare riferimento al piano di studi dell'ultimo anno. Inoltre, la libertà di scegliere, fra **tre titoli**, dovrebbe consentire a ciascun alunno di confrontarsi con temi, problemi, riflessioni, vicini alla sua esperienza e alle sue conoscenze.

Nelle pagine successive ti verranno proposte alcune tracce, con le quali potrai esercitarti prima di sostenere l'esame. Per quanto riguarda le tipologie dei testi, è opportuno consultare le unità di lavoro dedicate alla **cronaca** (Vol. 1), al **diario**, alla **lettera**, al **racconto** (Vol. 2), al **testo argomentativo** (Vol. 3).
In ogni caso ricorda che, qualunque sia il tipo di testo che intendi affrontare in sede d'esame, è importante seguire alcune indicazioni di carattere generale (che abbiamo sviluppato nell'**Unità 11 – Vol. 1** di questa antologia, dedicata all'**abilità SCRIVERE**) e che riportiamo qui di seguito.

## INDICAZIONI GENERALI PER LO SVOLGIMENTO DELLA PROVA SCRITTA DI ITALIANO

| | |
|---|---|
| **PRIMA DI SCRIVERE** | |
| ORIENTAMENTO | - Organizzare il tempo a disposizione.<br>- Stabilire le caratteristiche generali del testo: scopo, forma, destinatario. |
| IDEAZIONE | - Produrre e raccogliere idee, argomenti, frasi. |
| PIANIFICAZIONE | - Dare un ordine espositivo alle idee, ai pensieri. |
| **DURANTE LA SCRITTURA** | |
| STESURA | - Sviluppare gli argomenti in un testo organico e coeso. |
| **DOPO AVER SCRITTO** | |
| REVISIONE | - Rivedere il testo per: aggiungere informazioni, togliere parole, spostarle, unire frasi. |
| CORREZIONE | - Correggere errori ortografici, grammaticali, sintattici, punteggiatura. |
| COPIATURA E CONTROLLO FINALE | - Scrivere in modo chiaro e ordinato, ricontrollando il testo, per correggere eventuali piccoli errori. |

# ESEMPI DI TRACCE

## Esposizione

1. "Entrò nella mia vita nel febbraio del 1932 per non uscirne più". Così comincia il libro *L'amico ritrovato*, di Fred Uhlman. Racconta, in una pagina, il giorno in cui hai conosciuto il tuo migliore amico o la tua migliore amica.
2. Racconta, sotto forma di lettera o di diario, i tuoi "incontri/scontri" con il mondo degli adulti, facendo anche riferimento a episodi o persone che ti hanno aiutato a crescere.
3. Inventa un racconto di fantascienza, rielaborando in modo creativo un testo che conosci. Il protagonista della vicenda sei tu stesso. Presta particolare attenzione alla caratterizzazione di ambienti e personaggi. Utilizza le tecniche narrative proprie di questo genere letterario.
4. Immagina di essere costretto a vivere una giornata normale come se fosse un interminabile spot pubblicitario: ogni tanto devi interrompere le tue attività per reclamizzare un prodotto, esaltare una marca o insistere sull'assoluta necessità di possedere un oggetto. Inventa un racconto umoristico, cercando di mettere in ridicolo il consumismo della nostra società.
5. "Non ero solo nei miei sogni. Avevo uno Zio, così con la maiuscola, e non smetteva mai di ripetermi che era necessario scoprire la propria strada e mettersi in cammino" (L. Sepùlveda). C'è qual-

cuno che incoraggia i tuoi sogni per il futuro? E quali sono questi sogni? Racconta i tuoi progetti di studio, di lavoro e di crescita personale, soffermandoti anche sulle tue motivazioni.

6. Racconta, in un immaginario articolo di cronaca, un episodio di discriminazione nei confronti di una persona "diversa", al quale hai assistito o che hai vissuto in prima persona.
7. Scrivi la cronaca di una gita scolastica o di uno spettacolo a cui hai partecipato nel corso del triennio.
8. Immagina una giornata allo zoo, vista dalla parte degli animali. Gli animali raccontano quello che vedono, quello che pensano, quello che provano...
9. C'è un personaggio famoso che rappresenta un "modello" per la tua età? Perché suscita la tua stima e la tua simpatia? In che cosa consiste il suo fascino? Che cosa pensi di poter imparare da lui o da lei? Esponi i tuoi pensieri sotto forma di lettera aperta a un giornale.

## Trattazione

1. La mafia non è un fenomeno che interessa pochi uomini; è soprattutto una mentalità, una concezione della vita, che induce l'individuo a rapportarsi con gli altri in modo violento. Sostieni o confuta questa affermazione.
2. "Un viaggio di mille miglia inizia dalla strada che inizia sotto il tuo piede" (Lao Tzu, poeta cinese). Nel XXI secolo, interi popoli sono costretti a viaggiare per vari motivi: emigrazioni, guerre, siccità, inondazioni, fame, ecc. Come si può affrontare questa emergenza planetaria?
3. Il calcio italiano, negli ultimi anni, ha esasperato l'aggressività tra le opposte tifoserie. Esiste, tuttavia, un modo diverso di vivere lo sport, inteso come sfida ai propri limiti, confronto leale con l'avversario e spirito di gruppo. Illustra questi due concetti, riportando le tue esperienze di sportivo e di tifoso.
4. Immagina di essere un giovane creativo incaricato di inventare uno spot per Pubblicità Progresso. Individua il fenomeno su cui vuoi attirare l'attenzione; indica i contenuti e i messaggi; descrivi le forme, i linguaggi e i canali pubblicitari che intendi utilizzare. Motiva opportunamente le tue scelte.
5. "Ben presto, se non è già così, le prospettive per un giovane indiano o cinese, dotato di buona istruzione, saranno superiori a quelle di un europeo o di un americano senza competenze." Condividi questa affermazione di Bill Gates, oppure no? Qual è il ruolo dell'istruzione nella società moderna? E quali sono le prospettive per i giovani? Argomenta le tue posizioni.
6. Nel corso dell'ultimo anno hai avuto modo di conoscere diversi scrittori, poeti e artisti. Scegline uno, che ritieni più vicino alla tua sensibilità, motivando la tua scelta. Illustra i temi della sua arte, lo stile e l'ambiente storico-culturale in cui ha operato. Riporta riferimenti precisi dalle sue opere più significative.
7. Hai sicuramente studiato la *Shoà*, cioè lo sterminio indiscriminato degli ebrei a opera dei nazisti. Affronta l'argomento da un punto di vista storico ed esprimi le tue riflessioni. Secondo te, l'antisemitismo è finito o si manifesta ancora, seppure in forme diverse?
8. Il progresso scientifico e le nuove tecnologie possono essere una speranza per l'umanità ma anche un pericolo: riferisci degli esempi. Quale deve essere lo scopo della scienza? Gli scienziati devono limitarsi ad accumulare sapere su sapere o sono responsabili degli effetti delle loro scoperte? Argomenta le tue opinioni.
9. Recentemente l'ONU ha approvato la moratoria della pena di morte, per cui tutte le condanne a morte dovrebbero essere sospese. Per alcuni è una conquista civile, altri la pensano diversamente. Esponi le ragioni degli uni e degli altri e, infine, esponi la tua opinione.
10. Molti ragazzi della tua età non amano leggere. Secondo te, a che cosa è dovuto questo fatto? Che cosa pensi tu della lettura, intesa come piacere, al di fuori degli obblighi scolastici? Esprimi le tue opinioni.

### Relazione

1. Scegli un personaggio storico che ha colpito la tua immaginazione, sia in positivo sia in negativo. Inquadra il periodo storico-culturale nel quale si colloca, esponi e commenta gli episodi più significativi della sua vita, gli aspetti della sua personalità, le idee e le azioni che hanno destato il tuo interesse. Concludi con un giudizio complessivo sul personaggio.
2. L'utilizzo indiscriminato dell'ambiente rischia di compromettere i delicati equilibri naturali della Terra. Fai una relazione, documentata ed esauriente, sulle principali emergenze ambientali, anche alla luce delle conoscenze acquisite nei vari ambiti disciplinari o attraverso letture e documentari.
3. Riferisci sul problema dell'immigrazione extracomunitaria in Europa: perché avviene, da dove, attraverso quali rotte, verso quali mete, ecc. Soffermati anche sull'aspetto umano del fenomeno, cercando di illustrare le difficoltà (sociali, culturali, geografiche....) dell'allontanamento dal proprio ambiente e i problemi incontrati nel Paese di accoglienza. Organizza il testo sotto forma di relazione.
4. Scrivi una relazione per documentare le fasi di ideazione, progettazione e realizzazione di un'attività di gruppo svolta dalla tua classe o in collaborazione con altre. Concludi con le tue riflessioni sull'efficacia di questa iniziativa.
5. L'integrazione europea avvicina popoli di cultura, lingua, usi e costumi diversi. Certamente la lingua costituisce il canale più rapido per la comunicazione: per questo lo studio delle lingue straniere diventa fondamentale per ogni cittadino. Fai una relazione sull'argomento, prendendo come spunto le seguenti domande:
   - Quale lingua si insegna nella tua scuola?
   - Con quali risultati, in generale?
   - Ciò che si apprende è sufficiente per un uso pratico della lingua?
   - Lo studio della civiltà della nazione di cui stai apprendendo la lingua è utile?
   - Pensi che sia importante studiare una seconda lingua?

   Concludi il testo con una riflessione critica.
6. Qual è il tuo atteggiamento verso le *Scienze motorie e sportive*? Relaziona su questa disciplina, illustrando quanto segue:
   - il modo in cui viene realizzata nella tua scuola;
   - l'importanza che assume, rispetto alle altre materie scolastiche;
   - gli stimoli che offre per l'avvio della pratica sportiva;
   - la sua validità sul piano psico-fisico e della formazione dei ragazzi.

   Naturalmente, puoi aggiungere altre idee e riflessioni.
7. Nel corso dell'ultimo anno hai approfondito vari argomenti di studio, in ambiti disciplinari diversi. Scegline uno che ti ha particolarmente interessato e sviluppa una relazione che evidenzi i vari aspetti con cui hai arricchito le tue conoscenze.
8. A partire dagli anni Cinquanta, l'Italia ha cominciato il suo percorso di integrazione europea. Svolgi una relazione sull'argomento, indicando:
   - i principi e le motivazioni di fondo dell'unità europea;
   - le tappe attraverso cui ha preso progressivamente forma l'Unione Europea;
   - problemi e risorse dell'Unione Europea attuale (formata da 25 Stati);
   - le Istituzioni comunitarie;
   - la Costituzione europea, firmata il 29 ottobre 2004.

## LA PROVA NAZIONALE (O PROVA INVALSI)

La Legge 176 del 2007 ha stabilito che, durante gli Esami della Scuola secondaria di I grado, gli studenti debbano affrontare anche una **Prova Nazionale**.
La sua predisposizione e la gestione di tutti gli aspetti organizzativi sono stati affidati, dal Ministero dell'Istruzione, all'INVALSI (Istituto Nazionale per la Valutazione).
La Prova contiene due sezioni, una di **Matematica** e una di **Italiano**. Quest'ultima è articolata in tre sezioni, con quesiti relativi alla *comprensione di un testo narrativo*, di un *testo espositivo* e anche con quesiti di *grammatica*.
A partire dagli Esami 2010, **la Prova Nazionale**, **valutata in decimi**, **concorre alla valutazione finale degli alunni**, insieme alle altre prove scritte, al colloquio orale e al voto di ammissione agli esami. La media dei voti ottenuti in tutte le prove concorre a definire il voto finale.

Poiché la Prova Nazionale entra a pieno titolo nella valutazione degli alunni, è necessario esercitarsi in modo adeguato. È per questo motivo che in questo quaderno di lavoro abbiamo predisposto delle *Prove* del tutto simili a quelle dell'INVALSI.

## LA PROVA ORALE

Il Decreto Ministeriale del 26 agosto 1981 afferma ancora che, oltre alle prove scritte, dovrai affrontare anche una **prova orale**, consistente in un **colloquio pluridisciplinare**.
Leggete in classe, sotto la guida dell'insegnante, quanto prevede la legge.

« La commissione d'esame imposterà il colloquio in modo da consentire una valutazione comprensiva del livello raggiunto dall'allievo nelle varie discipline, evitando peraltro che esso si risolva in un repertorio di domande e risposte su ciascuna disciplina, prive del necessario organico collegamento. (...)
Pertanto, il colloquio non deve consistere in una somma di colloqui distinti: occasioni di coinvolgimento indiretto di ogni disciplina possono essere offerte anche dalle verifiche relative ad altri ambiti disciplinari. In altri termini, il colloquio dovrà svolgersi con la maggiore possibile coerenza nella trattazione dei vari argomenti, escludendo però ogni artificiosa connessione. (...)

Particolare cura dovrà essere rivolta al colloquio pluridisciplinare, soprattutto in considerazione del fatto che sono state abolite prove pratiche per l'Educazione artistica e l'Educazione fisica e che non sono state previste prove pratiche per l'Educazione musicale e l'Educazione tecnica.
Per tali discipline, di carattere eminentemente operativo, il colloquio prenderà spunto da quanto prodotto in esercitazioni pratiche effettuate nel corso dell'anno scolastico.(...) »

L'esame di licenza media può diventare davvero **un'esperienza positiva di apprendimento** se, sia pure in modo semplice e naturale, ogni alunno riesce a dimostrare i progressi fatti nello studio o riesce a rielaborare i contenuti culturali e le esperienze che, nel corso del triennio, hanno modificato il suo modo di vedere il mondo.
È in questo momento finale del tuo percorso scolastico che dovrai dimostrare di **saper ascoltare** e di **saper parlare**; perciò, presta attenzione alle domande e concentrati sulle risposte, interagisci con gli insegnanti, apri un dialogo, presenta i tuoi lavori in modo organico.

## IL COLLOQUIO PLURIDISCIPLINARE

I **temi** e le attività del colloquio pluridisciplinare devono necessariamente riguardare la *programmazione del Consiglio di classe*, cioè gli argomenti trattati nel corso dell'anno scolastico.
Lo **scopo** del colloquio pluridisciplinare è quello di verificare se l'alunno:
– possiede le conoscenze richieste;
– sa rielaborare i contenuti;
– sa stabilire collegamenti fra i vari argomenti.
Date queste premesse, il colloquio non è un'interrogazione a domanda e risposta, ma un'**esposizione autonoma e completa** su argomenti precisi. Perciò diventa importante organizzare i contenuti secondo un ordine logico, motivando i passaggi da un'informazione all'altra.
Può tornare utile, a questo scopo, produrre una **tesina di ricerca pluridisciplinare**.

## INDICAZIONI PER UNA TESINA DI RICERCA PLURIDISCIPLINARE

Che cosa bisogna fare per produrre una **tesina** di ricerca pluridisciplinare? Segui i suggerimenti che ti vengono indicati qui di seguito.

1. **Scegli l'argomento che intendi approfondire a livello pluridisciplinare**; non ti impelagare in ricerche improbabili, ma scegli un argomento già trattato nel corso dell'anno, di cui conosci già gli aspetti generali.
2. **Ricerca le fonti e i materiali** da cui trarre le informazioni; anzitutto i testi scolastici, e poi altri libri, riviste specializzate, articoli di giornale, siti Internet, ecc.
3. **Seleziona il materiale** (facendo delle fotocopie o una *scheda* per ciascuno dei documenti che hai trovato) e poi **organizzalo in modo logico**, secondo le finalità che vuoi raggiungere.
4. **Scrivi la tesina**, ricordando che i materiali selezionati non devono essere ricopiati, ma rielaborati in modo personale. La tesina dovrà prevedere questi elementi:
   – il **titolo**;
   – l'**introduzione**, in cui dovrai spiegare il motivo per cui hai scelto l'argomento trattato;
   – una serie di **paragrafi**, titolati e numerati, in cui sarà organizzato il materiale con le informazioni a disposizione;
   – la **conclusione**, in cui metterai in evidenza gli elementi più importanti dell'argomento trattato ed esprimerai una valutazione personale sul lavoro;
   – l'**indice**, con l'indicazione dei paragrafi e delle pagine corrispondenti.

# LE MAPPE CONCETTUALI

Per organizzare in modo logico gli argomenti da portare all'esame può essere utile elaborare una serie di **mappe concettuali**, che aiutino a fissare sulla carta e nella memoria il percorso del ragionamento da seguire: più è chiara la mappa, più sarà facile sostenere la prova orale.

Qui di seguito ti vengono proposte le *mappe* di due argomenti che, per le loro caratteristiche, si prestano particolarmente a uno sviluppo interdisciplinare. Naturalmente, si tratta di indicazioni puramente orientative, che potranno essere sviluppate, ampliate o integrate, con l'aiuto degli insegnanti.
Altre proposte le troverai nel volume base.

## LA SECONDA GUERRA MONDIALE

### STORIA
- Scoppio della guerra, sviluppo, conclusione.
- L'Italia: lo sbarco in Sicilia, l'armistizio, la Resistenza.
- Il Nazismo.
- Le leggi razziali e la Shoà.
- La bomba atomica su Hiroshima e Nagasaki.
- La nuova Europa.

### ITALIANO
- Lettura di testi narrativi, poesie e documenti sull'argomento (anche tratti dall'antologia).
- Analisi di un libro: *Se questo è un uomo.*
- Analisi di tre film: *Il pianista – La vita è bella – Schindler's List.*

### INGLESE
- Elementi di civiltà.

### SCIENZE
- I vulcani.
- I terremoti.

### MUSICA
- La musica del Novecento.
- Stravinskij.

### GEOGRAFIA
- Giappone.
- USA.

### ARTE E IMMAGINE
- Le correnti artistiche del Novecento.
- Picasso.

---

## IL RAZZISMO NEL MONDO

### GEOGRAFIA
- Gli Stati Uniti.
- Il Sudafrica.
- Israele.

### ITALIANO
- Le origini del razzismo.
- Il razzismo oggi.
- Lettura di testi narrativi, saggi e documenti sull'argomento (anche tratti dall'antologia).
- Analisi di due libri: *Il buio oltre la siepe – L'amico ritrovato*
- *Il razzismo spiegato a mia figlia*, di Tahar Ben Jelloun
- Poeti contro il razzismo
- Analisi di un film: *Pomodori verdi fritti*

### STORIA
- L'antisemitismo: ieri e oggi.
- L'America degli anni Sessanta: il problema razziale e il Ku Klux Klan
- Martin Luther King, Malcom X, J. F. Kennedy.
- Il Sudafrica e l'apartheid: Nelson Mandela.

### SCIENZE
- Le razze esistono? Che cosa dice la scienza?
- Il DNA.

### MUSICA
- Il Blues.
- La canzone americana di protesta: Bob Dylan.

## I SUPPORTI MULTIMEDIALI

Il colloquio pluridisciplinare può essere affrontato anche utilizzando i **supporti multimediali**, cioè realizzati con il computer.
Il supporto multimediale più semplice prevede la possibilità di presentare l'argomento scelto in **power point**. Ogni tesina (o argomento d'esame) viene sviluppata in tante *schede*, titolate e numerate, corrispondenti ai paragrafi di un percorso logico e lineare.
Le schede si leggono in modo sequenziale, cioè una dopo l'altra, nell'ordine in cui si trovano, senza fare salti, per non perdere il filo del discorso. Le pagine di testo che compaiono sullo schermo si chiamano **nodi**, in quanto sono i *punti nodali* da sviluppare nel colloquio pluridisciplinare.
Il vantaggio, rispetto alla *mappa* o alla *scaletta*, sta in una presentazione più accattivante, in quanto, oltre ai testi scritti (che possono scorrere con delle *animazioni*) si possono utilizzare anche fotografie, disegni e musiche.

A titolo di esempio, ecco un argomento in power point presentato da una ragazza della tua età all'Esame di Stato, sul tema: **La condizione femminile**.

1

La condizione femminile

2

La donna nella storia

- Nell'antichità
- Nel Medioevo
- Nel '700
- Nel '900

3

Le donne nel XX secolo

- Le suffragette
- L'8 marzo: Festa della donna
- Il femminismo: gli anni '60 e '70
- I diritti civili: divorzio, aborto, tutela della maternità, pari opportunità
- L'ONU e il Decennio della Donna (1975-85)

4

Il diritto di voto alle donne

| | |
|---|---|
| Nuova Zelanda | 1893 |
| Inghilterra | 1918 |
| Germania | 1918 |
| Stati Uniti | 1920 |
| Spagna | 1931 |
| Francia | 1945 |
| Italia | 1945 |
| Giappone | 1950 |
| Svizzera | 1971 |

5

Le donne in Italia nel 3° millennio

- L'istruzione
- Le professioni
- La politica

6

Le donne nei parlamenti nazionali

| | |
|---|---|
| Svezia | 45,3% |
| Austria | 33,9% |
| Germania | 32,2% |
| Spagna | 28,3% |
| Portogallo | 19,1% |
| Regno Unito | 17,9% |
| Francia | 12,2% |
| Italia | 11,5% |
| Grecia | 8,7% |
| Media UE | 25,0% |

7

**La donna che lavora**

- Condizioni generali
- Tutela della maternità (legge 1204/1977)
- Pari opportunità (legge 903/1977)
- Madri che lavorano

8

**Disparità di stipendio**

| Professione | Uomo | Donna | Diff. % |
|---|---|---|---|
| Operaio | 12 039 | 8 676 | 27,9 |
| Impiegato | 15 906 | 12 205 | 23,2 |
| Artigiano | 14 471 | 11 863 | 18,0 |
| Dirigente | 33 606 | 21 554 | 35,8 |
| Professionista | 22 083 | 17 399 | 21,2 |
| Precario | 13 757 | 10 480 | 23,8 |

9

**Le donne del Terzo Mondo**

- Rapporto UNICEF nella condizione della donna (discriminazioni, guerre, pregiudizi, matrimoni precoci, sfruttamento...)
- Sviluppo e alfabetizzazione delle donne
- Le donne nei Paesi Arabi
- Nepal e Mongolia
- "Sotto il burqa", di Deborha Ellis

10

**L'educazione delle bambine**

- Modelli culturali maschilisti
- Giochi e giocattoli

## I PERCORSI TEMATICI DELL'ANTOLOGIA

Nelle pagine seguenti, sempre nella prospettiva del colloquio pluridisciplinare, ti anticipiamo alcuni percorsi tematici di **questo volume** dell'antologia. Quando sarà il momento, potranno essere d'aiuto per preparare il colloquio, secondo le modalità concordate con i tuoi insegnanti.

Unità 12 – Agire per essere
Unità 13 – Il diritto alla pace
Unità 14 – L'Olocausto
Unità 15 – La mondialità
Unità 16 – La legalità
Unità 17 – La Terra: un pianeta da salvare

Inoltre, nel **volume secondo** di questa antologia, puoi riprendere i precedenti percorsi tematici:

Unità 14 – La tolleranza
Unità 15 – I diritti della donna
Unità 16 – Salute e alimentazione
Unità 17 – Un tema ambientale: l'acqua

## Abilità

# L'orientamento

« *È impresso in ognuno di noi il detto che ci fu insegnato nell'infanzia: "Il tempo è denaro". Come molti detti popolari e proverbi, ti suggerisco di dimenticarlo. Non è il tempo che conta, ma la motivazione e l'impegno che tu investirai nel perseguimento dell'attività scelta.* »

R. Levi Montalcini

**CONOSCENZE**

- Il mondo dello studio e del lavoro

**ABILITÀ**

- Conoscere sé stessi e le proprie aspirazioni
- Conoscere il mondo del lavoro
- Conoscere l'organizzazione della Scuola secondaria di II grado
- Analizzare i dati per effettuare una scelta consapevole

# La scelta dopo la Secondaria di Primo Grado

## CHE COSA FARAI DOPO L'ESAME DI STATO?

Durante quest'anno scolastico dovrai affrontare un passo importante per il tuo futuro: quello della scelta del percorso formativo che ti consentirà di realizzare le tue aspirazioni.
Compiere una scelta a quattordici anni è difficile, perché quasi nessuno a questa età può avere le idee chiare rispetto al proprio progetto di vita; inoltre, è davvero molto difficile immaginarsi in un futuro che appare lontano.

Dunque, che cosa farai dopo l'Esame di stato? Potrai intraprendere un percorso scolastico di lunga durata, oppure scegliere un percorso più breve, di tre anni. Certamente hai già un'idea (o più di una), ma è importante verificarla alla luce della realtà e della tua situazione personale.

È il momento di fare un serio esame di coscienza, di interrogarsi sulle proprie risorse e capacità. Che cosa so fare? Che cosa mi piace fare? Dove voglio arrivare? Che cosa si aspettano gli altri da me? Esistono le condizioni per realizzare i miei progetti? Difficile, per uno studente di terza media, rispondere da solo a questi interrogativi. C'è bisogno del sostegno e del supporto degli adulti, tra cui i tuoi genitori e gli insegnanti.
I **genitori** conoscono perfettamente la tua storia e le tue esperienze, perciò sapranno sicuramente indirizzarti verso una scelta che valorizzi le tue aspirazioni; gli **insegnanti**, considerando il tuo quadro scolastico, le tue caratteristiche e potenzialità, esprimeranno un consiglio orientativo che non è vincolante ai fini della tua scelta, ma che va valutato con attenzione.

Alla fine, comunque, sarai tu a scegliere in piena libertà, cercando di seguire le tue aspirazioni e le tue passioni ma, se dovessi accorgerti, prima o poi, di avere sbagliato, puoi sempre cambiare, senza paura e senza scoraggiarti.

Il percorso predisposto in questa unità ti aiuterà a scegliere. Per prendere la decisione migliore occorre, però, concentrarsi su tre aspetti importanti:

- **riflettere su sé stessi**, valutando con serietà le proprie capacità, i propri desideri e le proprie aspirazioni;
- **conoscere il mondo del lavoro**, le opportunità offerte dal territorio in cui vivi e gli sbocchi professionali del futuro;
- **conoscere l'organizzazione delle Scuole superiori**, le finalità formative dei diversi tipi di scuola, la certificazione che fornisce ciascun indirizzo scolastico, lo sbocco professionale (o universitario) che esso rende possibile.

Le pagine che seguono non intendono essere esaustive rispetto a questi elementi, ma solo offrire alcuni strumenti per predisporre un percorso di orientamento efficace, da affiancare ad altre iniziative organizzate dalla tua scuola.

## RIFLETTERE SU SÉ STESSI

Per capire meglio le tue attitudini, il tuo atteggiamento nei confronti dello studio e il ruolo svolto dalle singole discipline nella tua formazione, ti viene proposto di compilare alcuni questionari.
A dire il vero, qualcosa di simile ti è già stato presentato negli anni precedenti, ma i questionari che seguono vogliono essere non solo una riflessione generale sulla tua esperienza scolastica (dopo otto anni di scuola), ma anche una proiezione verso il futuro.

### L'ESPERIENZA SCOLASTICA

**1. Quali sono le materie di studio che preferisci?**

- ☐ Italiano
- ☐ Storia
- ☐ Geografia
- ☐ Inglese
- ☐ 2ᴬ lingua comunitaria: ..............................................
- ☐ Matematica
- ☐ Scienze
- ☐ Tecnologia e informatica
- ☐ Arte e immagine
- ☐ Musica
- ☐ Scienze motorie e sportive

**2. In quali materie ottieni i risultati più soddisfacenti? Perché?**

| Materie | Motivazioni |
|---|---|
| .................................................. | .................................................................................................................... |
| .................................................. | .................................................................................................................... |
| .................................................. | .................................................................................................................... |

**3. Ti piace stare a scuola?**

☐ Sì ☐ No ☐ Non so

*Se sì, per quale motivo?*

- ☐ Per approfondire gli argomenti studiati.
- ☐ Per ottenere buoni risultati.
- ☐ Per accontentare i miei genitori.
- ☐ Per conseguire un titolo di studio.
- ☐ Per trovare, in futuro, un buon lavoro.
- ☐ Per essere libero di scegliere nella vita.
- ☐ Perché ho molti interessi e curiosità.
- ☐ Altro (specificare) ..................................................

..........................................................................................

*Se no, per quale motivo?*

- ☐ Perché lo studio mi stanca.
- ☐ Perché in classe mi annoio.
- ☐ Perché alcune materie non mi piacciono.
- ☐ Perché è un obbligo.
- ☐ Perché non mi sento a mio agio.
- ☐ Perché non mi piace studiare.
- ☐ Perché non mi diverto.
- ☐ Altro (specificare) ..................................................

..........................................................................................

**4. C'è qualcuno che ti aiuta nello studio?**

☐ Sì ☐ No

Se sì, chi? ..........................................................................

5. **Quante ore al giorno dedichi, in media, allo studio a casa?**

- ▢ Meno di un'ora
- ▢ 1 ora
- ▢ 2 ore
- ▢ 3 ore
- ▢ Più di 3 ore

6. **Quali sono i punti di forza e i punti di debolezza nella tua preparazione generale? Indica che cosa sai fare bene e che cosa no.**

| | Punti di forza |
|---|---|
| Area linguistica | ..................................................... |
| | ..................................................... |
| Area artistico-espressiva | ..................................................... |
| | ..................................................... |
| Area storico-geografica | ..................................................... |
| | ..................................................... |
| Area matematica | ..................................................... |
| e scientifico-tecnologica | ..................................................... |

| | Punti di debolezza |
|---|---|
| Area linguistica | ..................................................... |
| | ..................................................... |
| Area artistico-espressiva | ..................................................... |
| | ..................................................... |
| Area storico-geografica | ..................................................... |
| | ..................................................... |
| Area matematica | ..................................................... |
| e scientifico-tecnologica | ..................................................... |

7. **Quali sono gli ostacoli alla tua piena riuscita nello studio? Puoi dare più risposte.**

- ▢ Nessuno.
- ▢ Scarso impegno nello studio.
- ▢ Lacune degli anni precedenti.
- ▢ Scarso interesse per le discipline scolastiche.
- ▢ Difficoltà di relazione con gli altri.
- ▢ Difficoltà di comunicazione.
- ▢ Non so .....................................................
- ▢ Altro (specificare) .....................................................

## SCELTE E ABITUDINI

Le scelte personali sono spesso legate alle nostre abitudini. Ti viene proposto un test per esaminare in che modo hai trascorso il tempo libero da obblighi scolastici nell'ultimo anno. Rispondi con un **sì** o con un **no** a tutte le domande, anche se alcune potranno sembrarti strane.

**Attenzione** Come capirai sempre meglio, l'Italia è organizzata in modo diverso da regione a regione, da comune a comune. Se vivi in un centro minore, possono mancare le librerie, il cinema, ecc. Oppure, per quanto poco costi un libro, le condizioni economiche familiari possono renderti difficile comprarne uno.
Ti suggeriamo allora di rispondere **sì** non solo nei casi in cui effettivamente fai qualcosa, ma anche nei casi in cui vorresti fare qualcosa, ma ciò ti è impedito da cause indipendenti dalla tua volontà.

| | **SÌ** | **NO** |
|---|---|---|
| • Ti capita di leggere libri non scolastici? | ☐ | ☐ |
| • Hai già letto romanzi di scrittori italiani e stranieri contemporanei? | ☐ | ☐ |
| • Se sì, qualcuno ti è piaciuto? | ☐ | ☐ |
| • Hai letto a casa, non per compito scolastico, opere di grandi scrittori del passato? | ☐ | ☐ |
| • Ti capita di leggere o di andarti a rileggere qualche poesia? | ☐ | ☐ |
| • A casa tua c'è qualche scaffale di libri non scolastici? | ☐ | ☐ |
| • Se sì, i libri sono più di cento? | ☐ | ☐ |
| • Hai una tua raccolta personale di libri non scolastici? | ☐ | ☐ |
| • I film che vedi in televisione li scegli perché ne hai sentito parlare bene? | ☐ | ☐ |
| • Vai al cinema? | ☐ | ☐ |
| • Se vai al cinema, ci vai per vedere film di cui hai già sentito parlare bene? | ☐ | ☐ |
| • Hai una tua raccolta di DVD? | ☐ | ☐ |
| • Hai una tua raccolta di CD? | ☐ | ☐ |
| • Se sì, hai CD di musica classica? | ☐ | ☐ |
| • Sai disegnare? | ☐ | ☐ |
| • Sai dipingere? | ☐ | ☐ |
| • Sai suonare qualche strumento musicale? | ☐ | ☐ |
| • Sai capire e parlare qualche lingua straniera? | ☐ | ☐ |
| • Hai visitato qualche museo non in gita scolastica ma con amici o familiari? | ☐ | ☐ |
| • Sai usare un personal computer? | ☐ | ☐ |
| • Ti capita di leggere quotidiani? | ☐ | ☐ |
| • Nella tua famiglia si legge abitualmente qualche quotidiano? | ☐ | ☐ |
| • Ti capita di leggere riviste settimanali o mensili? | ☐ | ☐ |
| • Nella tua famiglia si leggono riviste settimanali o mensili? | ☐ | ☐ |

| | SÌ | NO |
|---|---|---|
| • Hai in casa un vocabolario della lingua italiana? | ◯ | ◯ |
| • Ti capita di consultare il vocabolario italiano? | ◯ | ◯ |
| • Hai in casa un'enciclopedia? | ◯ | ◯ |
| • Ti capita di consultare un'enciclopedia cartacea o multimediale? | ◯ | ◯ |
| • Aiuti i tuoi familiari nelle faccende di casa? | ◯ | ◯ |
| • Sai rifare il tuo letto? | ◯ | ◯ |
| • Sai preparare qualcosa da mangiare? | ◯ | ◯ |
| • Sai riparare qualche impianto di casa? | ◯ | ◯ |
| • Sai costruire qualcosa (modellini o altro)? | ◯ | ◯ |
| • Sai badare a qualche animale? | ◯ | ◯ |
| • Partecipi alla vita di qualche associazione giovanile? | ◯ | ◯ |
| • Se sì, in essa ti hanno dato incarichi di responsabilità? | ◯ | ◯ |
| • Pratichi abitualmente qualche sport? | ◯ | ◯ |
| • Fai gite in campagna o montagna? | ◯ | ◯ |
| • Se sì, sai leggere una carta topografica? | ◯ | ◯ |
| • Ti capita di usare imbarcazioni? | ◯ | ◯ |
| • Se sì, sai leggere una carta nautica? | ◯ | ◯ |
| • Hai usato un microscopio? | ◯ | ◯ |
| • Hai usato un telescopio? | ◯ | ◯ |

adattato da T. De Mauro, F. De Renzo, *Guida alla scelta della scuola superiore*, Laterza, Bari 1998

**Interpretazione**

Più **sì** accumuli nelle risposte, più vuol dire che, date le tue abitudini, sei in grado di scegliere con molta libertà uno qualunque degli indirizzi medio-superiori che ti si offrono.

- *Se hai risposto **sì** a un minimo di 33 domande*, ti conviene pensare alla scuola superiore non come a un ciclo che si conclude in sé, ma come a una tappa per continuare gli studi all'università, sempre che le condizioni economiche te lo permettano.
- *Se hai risposto **sì** a un numero di domande compreso tra 32 e 22*, hai ancora delle incertezze e devi approfondire meglio alcuni aspetti della tua preparazione e delle tue aspirazioni. Potresti pensare, ad esempio, di seguire un corso di studi. Per scegliere, chiedi consiglio ai tuoi familiari e agli insegnanti.
- *Se i **sì** sono meno di 22*, forse ti conviene seguire un corso di studi meno impegnativo, che sviluppi le capacità scolastiche in cui sei più sicuro. Anche in questo caso consultati con i familiari e gli insegnanti.

Naturalmente, questo test vuole solo dare delle indicazioni di massima e non è assolutamente vincolante.

**Consigli per scegliere bene**

Scegliere bene è sempre difficile, ma, per fortuna, la tua non sarà una scelta definitiva; infatti, avrai la possibilità di cambiare e di tornare sui tuoi passi, se pensi di avere sbagliato. È ovvio, però, che chiarirsi le idee subito consente di evitare eventuali rallentamenti e frustrazioni. Per questo ti invitiamo a valutare con attenzione i suggerimenti che seguono.

1. Analizza bene i tuoi desideri e le tue attitudini.
2. Non confondere ciò che desideri con ciò che è meglio per te.
3. Scegli la scuola in base ai risultati scolastici, non in base a pregiudizi.
4. Non scegliere una scuola per imitazione, perché l'hanno scelta i tuoi conoscenti.
5. Non bloccarti su una decisione, ma considera tutte le opportunità.
6. Verifica che il tuo progetto sia realizzabile.
7. Ascolta il parere motivato dei tuoi familiari e dei tuoi insegnanti.

## IL MONDO DEL LAVORO

### AVVICINARSI AL LAVORO

Indipendentemente dalla scelta scolastica che farai, tra un po' di tempo i tuoi studi saranno orientati verso un'attività manuale o intellettuale, cioè verso il mondo del lavoro.
Il lavoro, infatti, è l'attività in cui ciascuno di noi realizza sé stesso e mette a frutto la propria intelligenza. Per questo motivo è importante che tu conosca quali mestieri e quali professioni sono necessari alla società, in modo che le tue aspirazioni possano trovare riscontro con le possibilità di impiego offerte dal mercato del lavoro.

Un punto fermo dell'orientamento è che **non devi scegliere adesso la professione che eserciterai nel futuro**. Di fronte a un mercato in continua trasformazione, il lavoratore deve essere soprattutto **flessibile**, cioè capace di adattarsi a nuovi ruoli e mansioni e di aggiornarsi continuamente. Perciò non ha senso dire "farò l'operatore elettronico" perché, prima che tu entri nel mondo del lavoro, molte professioni si svolgeranno in modo diverso da oggi o nasceranno nuove forme di lavoro.
La tua scelta riguarda un'**area lavorativa**, non una professione; e poi, negli anni in cui frequenterai le scuole superiori, tieniti informato, segui l'evoluzione del settore che hai scelto, fai qualche breve esperienza lavorativa. Tutto ciò ti servirà per capire quante e quali possibilità di lavoro avrai dopo la scuola. Scoprirai che con lo stesso titolo di studio si possono affrontare carriere modeste o carriere brillanti; riuscirà meglio chi saprà inventarsi spazi di lavoro e chi sfrutterà con fantasia le proprie competenze.

### LE AREE LAVORATIVE

Secondo un'indagine dell'economista Nicola Cacace, oltre alle attività tradizionali, nei prossimi anni avranno uno sviluppo significativo altre 300 nuove professioni. Non tutte le professioni appartengono al più alto livello di scolarità (università), come erroneamente si potrebbe credere, infatti:

- il 41% prevede una cultura di livello universitario;
- il 43% prevede una cultura a livello di diploma superiore;
- il 16% prevede una cultura a livello di scuola dell'obbligo.

Dunque, ci sono possibilità per tutti, ma ciò che conta davvero è scegliere il settore che più ti interessa. Per aiutarti a capire meglio questo mondo, ecco un elenco delle aree lavorative che nel terzo millennio dovrebbero avere ulteriore sviluppo e aprirsi a professioni sempre più qualificate e specializzate.

#### 1. Educazione e formazione

Comprende tutte le professioni che riguardano l'apprendimento. In quest'area ci sono, oltre agli insegnanti, tutti coloro che, anche al di fuori della scuola, si occupano di formazione degli adulti, soprattutto a livello tecnico. Il settore è in espansione perché la società contemporanea richiede un processo di *educazione permanente*, cioè di aggiornamento continuo, per tutto l'arco della vita lavorativa.

#### 2. Informatica

L'informatica non è solo tecnologia in sé, ma anche specializzazione che sta penetrando tutti i settori della vita economica e sociale: dall'agricoltura all'industria, dal commercio alle banche, dall'insegnamento alla pubblica amministrazione. L'occupazione informatica è in continua evoluzione, ma già oggi è possibile individuare numerose figure professionali: il programmatore, l'installatore, il tecnico di rete Internet, ecc.

## 3. Comunicazione

Quest'area riguarda la comunicazione in tutte le sue forme. Le professioni più conosciute sono quelle di giornalista, pubblicitario, scrittore, redattore; ma rientrano in questo settore anche i tecnici delle telecomunicazioni, i tecnici audio-visivi, ecc.

## 4. Ambiente

Le catastrofi ambientali, i rifiuti, il cambiamento climatico, l'inquinamento, stanno risvegliando la sensibilità dei cittadini e dei politici sui temi legati all'ambiente. Nel futuro saranno investite grandi risorse in questo settore e ci sarà bisogno di nuove professionalità: operatori che si occupino di trattamento delle acque, smaltimento dei rifiuti, gestione del territorio, delle aree protette, dei depuratori, dei recuperi industriali, degli impianti di energia alternativa, del disinquinamento. In questo settore le imprese sono a elevato tasso di crescita.

## 5. Finanza

L'Unione Europea avrà sempre più bisogno di un numero elevato di analisti finanziari con esperienza internazionale in tutti i settori: commercio, grande distribuzione, assicurazioni, banche, consulenza per aziende private e pubbliche.

## 6. Commercio e trasporti

L'area professionale della vendita assorbe un numero crescente di occupati, ma produce anche innovazioni continue, soprattutto nel settore del marketing e della trasformazione di prodotti agricoli. Strettamente legato al commercio è il trasporto delle merci che è in rapida espansione, come lo è il trasporto legato agli spostamenti di milioni di persone da un luogo all'altro, per motivi di lavoro o per turismo.

## 7. Sanità e assistenza

Il settore è in rapida espansione a causa dell'invecchiamento della popolazione e del miglioramento dei servizi. Occorrerà, oltre a medici e tecnici specializzati per le attrezzature, un numero sempre crescente di infermieri, ausiliari, assistenti sanitari, assistenti domiciliari per gli anziani.

## 8. Ricreazione e benessere

Quest'area professionale riunisce tutti quei mestieri che sono legati al nostro benessere fisico e mentale. In particolare, si svilupperà il settore del tempo libero: sport, cultura, spettacolo, arte. Ormai consolidate, ma ancora in forte espansione, sono anche le attività legate al turismo.

## 9. Artigianato e mestieri

Comprende tutte le attività basate sulle abilità manuali e pratiche. Fanno parte di questo settore alcuni mestieri di antica tradizione, come l'idraulico, il panettiere, il fabbro, il falegname, il pasticciere, ecc. Questi lavori non potranno mai tramontare, perché soddisfano i bisogni pratici della nostra vita quotidiana. Naturalmente, le nuove tecnologie stanno trasformando anche loro.

## 10. Produzione industriale

La produzione industriale si sta progressivamente spostando nel Terzo Mondo (Cina, India, Malesia, Brasile...), perché i costi sono più bassi che nel mondo occidentale. Ciò non vuol dire che da noi le industrie siano totalmente sparite, né che sia sparita la figura dell'operaio (gli operai sono ancora 8 milioni in Italia); solo che nel futuro, la produzione industriale europea sarà legata al progresso tecnologico e quindi ci sarà una forte richiesta di tecnici specializzati.

# RIFLESSIONE

**1] Ti vengono presentate due tabelle; la prima riguarda il lavoro in Italia nei tre settori: agricoltura, industria e servizi; la seconda riguarda la variazione del numero di occupati nelle diverse professioni. Leggete le tabelle in classe e aprite una discussione. Quali sono i settori che oggi hanno più ampie possibilità di occupazione? Il vostro orientamento è in linea con queste tabelle?**

| **Il lavoro in Italia** | | | | | | |
|---|---|---|---|---|---|---|
| *Occupati (migliaia e %)* | *1990* | | *2000* | | *2010* | |
| Agricoltura | 1.895 | (8,9%) | 1.120 | (5,3%) | 1.062 | (4,6%) |
| Industria | 6.845 | (32,1%) | 6.767 | (32,1%) | 6.767 | (29,2%) |
| Servizi | 12.564 | (59,0%) | 13.193 | (62,6%) | 15.346 | (66,2%) |
| *Totale* | *21.304* | *(100%)* | *21.080* | *(100%)* | *23.175* | *(100%)* |

**Le professioni in Italia 2000/2010**

| | **2000** | **2010** | **Var. %** |
|---|---|---|---|
| **1.** Amministratori e dirigenti (istituzioni pubbliche, enti privati non profit, imprese) | 694 | 860 | + 24 |
| **2.** Professionisti, alte specializzazioni (scienziati, ricercatori, ingegneri, architetti, biologi, veterinari, farmacisti, medici, avvocati, magistrati, economisti, artisti, docenti, ecc.) | 1.630 | 1.900 | + 17 |
| **3.** Tecnici intermedi (in campo scientifico, ambientale, sanitario, amministrativo, sociale) | 4.372 | 5.000 | + 14 |
| **4.** Impiegati amministrativi (segreteria, contabilità, archivi, magazzini, front-office) | 2.382 | 2.650 | + 11 |
| **5.** Addetti vendite e servizi alle famiglie (commercio, turismo, servizi di istruzione e sanità, altri servizi alle famiglie) | 3.551 | 4.045 | + 14 |
| **6.** Artigiani, operai specializzati e agricoltori (industria, artigianato, agricoltura e foreste, zootecnica, pesca) | 4.444 | 4.570 | + 3 |
| **7.** Conduttori di impianti e macchinari (impianti e macchinari industriali, montaggi, veicoli, macchine agricole) | 2.023 | 2.100 | + 4 |
| **8.** Personale non qualificato (in servizi amministrativi, commerciali, sanitari, personali, braccianti, manovali, ecc.) | 1.778 | 1.860 | + 5 |
| **9.** Forze armate | 206 | 215 | + 4 |
| **Totale** | *21.080* | *23.200* | + *10* |

Occupati per gruppo professionale (valori in migliaia) e variazioni percentuali nel decennio.

da N. Cacace, *2010 Scenario delle professioni*, Editori Riuniti, Roma 2002

**2] Rispondi alle domande.**

**a.** Qual è l'area lavorativa che ti interessa?

..........................................................................................................

Trova almeno due motivazioni per questa scelta.

1. ..........................................................................................................

2. ..........................................................................................................

..........................................................................................................

**b.** Hai una proposta alternativa?

..........................................................................................................

**c.** In un lavoro quali sono, secondo te, gli aspetti più importanti? (due risposte)

- ▢ Il successo economico.
- ▢ Il successo professionale.
- ▢ La possibilità di fare carriera.
- ▢ L'autonomia nel lavoro.
- ▢ La sicurezza del posto di lavoro.
- ▢ Fare esperienza.
- ▢ Essere utile alla società.
- ▢ Il rapporto con i colleghi.
- ▢ Altro (specificare) ..........................................................................................................

**d.** Quali potrebbero essere, in futuro, gli ostacoli alla realizzazione delle tue aspettative di lavoro?

- ▢ Disaccordo con le aspettative dei miei genitori.
- ▢ Mancanza di lavoro nel territorio in cui vivo.
- ▢ Impossibilità di proseguire gli studi.
- ▢ Motivi familiari.
- ▢ Motivi economici.
- ▢ Lontananza di scuole adeguate.
- ▢ Scarso impegno.
- ▢ Dubbi sul mio futuro.
- ▢ Altro (specificare) ..........................

..........................................................................................................

## DIECI CONSIGLI AI GIOVANI

Di fronte a un mercato del lavoro in continua trasformazione, probabilmente nessuno farà più lo stesso lavoro per tutta la vita. Le maggiori opportunità, in futuro, potranno essere colte solo dai giovani disposti ad adattarsi a nuove mansioni e ad aggiornarsi continuamente. Ciò comporterà un rapporto costante con lo studio e un atteggiamento aperto nei confronti delle novità.
Per fornirti qualche suggerimento ti presentiamo "dieci regole" fondamentali per trovare lavoro nei prossimi anni. Dopo averle lette in classe, commentatele insieme.

### 1. Imparare a leggere e scrivere bene

Se la matematica e la cultura scientifica sono importanti, la capacità di esprimersi con un ricco e articolato vocabolario sta diventando il primo elemento di successo nelle società in rapida trasformazione. È indispensabile la lettura di almeno un giornale al giorno e di almeno un libro al mese per conoscere i fatti e imparare 30.000 vocaboli al posto dei soliti 3.000 della televisione.
Una buona conoscenza della lingua–madre è la base per altre due funzioni importantissime per la vita e il lavoro: comunicare in pubblico e scrivere (una relazione, un articolo, un curriculum).

### 2. Imparare le lingue (almeno due)

Subito dopo una buona conoscenza della lingua–madre, l'inglese è oggi lo strumento determinante per comunicare con il resto del mondo. Utilizzare le vacanze estive per viaggi di lavoro e di formazione all'estero è il modo migliore per esercitarsi nelle lingue.

### 3. Imparare l'uso del computer

Una base di conoscenze informatiche, non solo consente un forte aumento delle capacità individuali di lavoro, ma è una risorsa e un titolo da far valere in moltissimi lavori. Tra l'altro un PC (personal computer), oggi, ha prezzi piuttosto abbordabili e consente ai ragazzi di imparare a utilizzarlo costituendo, così, un investimento ad altissimo rendimento per la vita e per il lavoro.

### 4. Non trascurare il lavoro manuale

Anche se robot e automazione soppiantano spesso gli operai, non va sottovalutato il lavoro manuale, che è ancora molto richiesto e comunque altamente formativo. Le esigenze di manutenzione crescono anche in una fabbrica automatica e un buon tecnico può guadagnare almeno quanto un impiegato, se non di più.

### 5. Sviluppare la cultura dell'internazionalità e della mobilità

Nella società globale del Terzo Millenio bisogna abbandonare la ricerca del posto fisso a ogni costo e acquisire il "virus" dell'internazionalità e il gusto della mobilità professionale.

L'interesse per il lavoro, l'apprendimento di cose nuove, la responsabilità e l'iniziativa, sono elementi da valorizzare. Se una persona, soprattutto giovane, ritiene di aver imparato tutto quello che c'era da imparare in un determinato posto, è meglio che cerchi altri posti dove poter continuare il suo processo di apprendimento continuo, che poi resta la vera garanzia contro la minaccia di disoccupazione tecnologica.
Quanto al "virus" dell'internazionalità lo si acquisisce sia viaggiando fisicamente, per studio, lavoro o turismo, sia viaggiando con la fantasia, vedendo film in versione originale, leggendo libri stranieri, ecc.

## 6. Accettare ogni esperienza iniziale di lavoro (mai restare inattivi)

Qualsiasi esperienza di lavoro iniziale, anche in campi apparentemente distanti dal proprio, è utile al patrimonio umano e professionale complessivo di cui ciascuno è portatore; ed è comunque meglio che restare inattivi, senza contare l'utilità delle conoscenze e delle informazioni che si acquisiscono in qualsiasi ambiente di lavoro e l'esperienza di socializzazione, anch'essa utilissima.
Purtroppo, va detto, che questa maggiore disponibilità (e bisogno) dei giovani a fare un "lavoro purché sia" si sta troppo spesso trasformando in precariato permanente o in sfruttamento.

## 7. Informarsi continuamente sui cambiamenti del proprio settore

Il numero di cambiamenti che prima si avevano in un secolo oggi possono aversi in uno o dieci anni. E allora l'unico modo per difendersi è seguirli e possibilmente anticiparli. Solo adeguandosi ai cambiamenti si possono evitare contraccolpi professionali spiacevoli. La cosa non è difficile: è sufficiente fare, un paio di volte l'anno, un salto in una libreria specializzata e spendere un'oretta alla ricerca del libro giusto.

## 8. Non dividere la vita in due parti, alternare sempre studio e lavoro

Quanto più la società è sviluppata, tanto più tempo si deve dedicare all'aggiornamento per non restare indietro o essere tagliati fuori anche nel lavoro e nella vita complessiva di relazioni. Perciò è necessario dedicare sempre una percentuale del proprio tempo all'aggiornamento continuo e questo è possibile solo con un'alternanza lettura-studio-lavoro. Pertanto non è più possibile dividere la vita in due periodi, prima studio e poi lavoro. Il lavoro a tempo parziale può essere, in certe fasi della vita, un ottimo mezzo per realizzare questa alternanza.

## 9. Raccogliere, organizzare e accumulare "inforicchezze"

Raccogliere e accumulare informazioni e conoscenze con un minimo di sistematicità e finalità sarà sempre più importante di quanto sia oggi accumulare quattrini. Esse sono la sola vera garanzia per cogliere le innumerevoli opportunità che la società globale offre e per contrastare il rischio di disoccupazione tecnologica.

## 10. Non piangere sulle cose che non funzionano

Spesso si sente dire: la scuola non ci forma come dovrebbe, l'*Osservatorio delle professioni* che dovrebbe indirizzarci non c'è, lo Stato non aggiorna i suoi docenti, i politici governano male e via di questo passo. A parte che le stesse lamentele si sentono anche in quei Paesi dove la pubblica amministrazione e la politica funzionano meglio che in Italia, l'unica cosa da fare è non lamentarsi ma lottare perché le cose cambino e rimboccarsi le maniche. In definitiva abbiamo una vita sola da valorizzare e da vivere.

da N. Cacace, Oltre il 2000. *Consigli per i giovani che lavoreranno nel terzo millennio*, Franco Angeli Edizioni, Milano 1994

## LA SCELTA DELLE SCUOLE SUPERIORI

### L'OBBLIGO SCOLASTICO

In Italia, a partire dall'anno scolastico 2007/08, **l'obbligo di istruzione è stato elevato fino ai 16 anni di età**. Tale obbligo può essere assolto sia all'interno dell'Istruzione secondaria superiore (*Licei, Istituti Tecnici, Istituti professionali*) sia iscrivendosi a uno dei *percorsi formativi dell'istruzione e formazione professionale di competenza delle Regioni*.

Ciò si è reso necessario per equiparare i livelli scolastici italiani con quelli degli altri Paesi europei, e ha due conseguenze:

- l'istruzione è diventata anche da noi obbligatoria per almeno dieci anni;
- l'età per l'accesso al lavoro è stata elevata da quindici a sedici anni.

Nel 2010, tuttavia, in deroga al principio generale, il Ministero dell'Istruzione ha previsto la possibilità di assolvere l'obbligo, a partire dai 15 anni, anche al di fuori del sistema scolastico, con il cosiddetto *apprendistato formativo*.

Tale norma, che resta di difficile applicazione, potrebbe introdurre una divisione precoce tra coloro che studiano e coloro che lavorano. Tutte le indagini (OCSE, Banca d'Italia), invece, indicano la necessità di investire di più nella conoscenza.

### TRE PERCORSI DOPO L'ESAME DI STATO

Per scegliere il corso di studi da intraprendere dopo l'Esame di Stato è necessario conoscere l'organizzazione delle Scuole superiori (denominate **Scuole secondarie di II grado**) nel sistema formativo attuale. A partire dal 1° settembre 2010 è entrata in vigore una **Riforma** complessiva e simultanea del secondo ciclo di istruzione e formazione, con modifiche rilevanti sia nei programmi sia nella tipologia degli Istituti e degli indirizzi. La Riforma prevede che si possano proseguire gli studi scegliendo fra tre percorsi: i *Licei*, gli *Istituti Tecnici* e gli *Istituti Professionali*.

Il sistema dei **Licei** comprende sei percorsi, alcuni dei quali si articolano in **indirizzi** (il *Liceo Artistico* ne ha sei), oppure prevedono un'**opzione**, cioè un piano di studi diverso rispetto a quello principale.

I sei Licei previsti dal nostro ordinamento scolastico sono:

1. Liceo artistico
2. Liceo classico
3. Liceo linguistico
4. Liceo musicale e coreutico (cioè della *danza*)
5. Liceo scientifico (con opzione *scienze applicate*)
6. Liceo delle scienze umane (con opzione *economico-sociale*)

Essi hanno una **durata di cinque anni** e sono suddivisi in due bienni, più un quinto anno, al termine del quale gli studenti sostengono l'Esame di Stato del secondo ciclo e conseguono il **diploma di maturità liceale**, utile per proseguire gli studi all'Università.

Gli **Istituti Tecnici** sono riordinati e rafforzati dalla Riforma, con una nuova identità fondata sull'asse scientifico-tecnologico e sul concetto di innovazione permanente. In pratica, gli Istituti Tecnici dovrebbero essere le scuole che interagiscono col mondo del lavoro e della tecnologia (grazie alla centralità dei laboratori e allo sviluppo di stage, tirocini e alternanza scuola-lavoro).
Gli Istituti Tecnici sono 11, divisi in due settori:

1. Settore Economico-sociale (con 2 indirizzi)
2. Settore Tecnologico (con 9 indirizzi, quasi tutti con scelta nel triennio)

Essi hanno una **durata di cinque anni** e sono suddivisi in due bienni, più un quinto anno, al termine del quale gli studenti sostengono l'Esame di Stato e conseguono il **diploma di istruzione tecnica**, utile per proseguire gli studi all'Università, o per l'inserimento nel mondo del lavoro.

Gli **Istituti Professionali** acquisiscono una nuova identità, fondata sul rapporto con le attività economiche e produttive di rilevanza nazionale. I due settori fondamentali sono:

1. Servizi (con 4 indirizzi)
2. Industria e Artigianato (con 2 indirizzi)

Tutti i percorsi formativi hanno una durata di cinque anni e sono suddivisi in due bienni, più un quinto anno, al termine del quale gli studenti sostengono l'Esame di Stato per il conseguimento del **diploma di istruzione professionale**, che dà l'accesso al mondo del lavoro, all'Università o a un corso di Istruzione Tecnica Superiore (di 800-1000 ore).

Per semplificare, ecco una rappresentazione grafica del sistema d'istruzione secondaria.

## IL SISTEMA D'ISTRUZIONE SECONDARIA NEL SUO INSIEME

**Nuovo impianto organizzativo**

| **I nuovi licei**<br>**6 nuovi indirizzi** | **I nuovi Istituti Tecnici**<br>**2 settori – 11 indirizzi** | **I nuovi Istituti Professionali**<br>**2 settori – 6 indirizzi** |
|---|---|---|
| 1. Liceo artistico<br>2. Liceo classico<br>3. Liceo linguistico<br>4. Liceo musicale e coreutico<br>5. Liceo scientifico *opzione* scienze applicate<br>6. Liceo delle scienze umane *opzione* economico-sociale | 1. SETTORE ECONOMICO<br>1. Amministrazione, Finanza e Marketing<br>2. Turismo<br>2. SETTORE TECNOLOGICO<br>1. Meccanica, Meccatronica ed Energia<br>2. Trasporti e Logistica<br>3. Elettronica ed Elettrotecnica<br>4. Informatica e Telecomunicazioni<br>5. Grafica e Comunicazione<br>6. Chimica, Materiali e Biotecnologie<br>7. Sistema Moda<br>8. Agraria, Agroalimentare e Agroindustria<br>9. Costruzioni, Ambiente e Territorio | 1. SETTORE DEI SERVIZI<br>1. Servizi per l'agricoltura e lo sviluppo rurale<br>2. Servizi socio-sanitari<br>3. Servizi per l'enogastronomia e l'ospitalità alberghiera<br>4. Servizi commerciali<br>2. SETTORE INDUSTRIA E ARTIGIANATO<br>1. Produzioni industriali e artigianali<br>2. Manutenzione e assistenza tecnica |

## IL SISTEMA DI ISTRUZIONE E FORMAZIONE PROFESSIONALE

Oltre ai corsi offerti dai *Licei*, dagli *Istituti Tecnici* e dagli *Istituti Professionali* ci si può iscrivere ad uno dei percorsi formativi proposti dal **sistema di istruzione e formazione professionale** di competenza delle Regioni, per il conseguimento di una **qualifica triennale** o di un **diploma quadriennale**.
Il Ministero dell'Istruzione, il Ministero del Lavoro e le Regioni hanno indicato 21 figure professionali riconosciute a livello nazionale (operatore edile, meccanico, agricolo, elettrico, elettronico, grafico, della ristorazione, ecc.).
Questi percorsi sono un'opportunità per i giovani interessati ad una formazione che privilegi metodologie applicative e valorizzi l'apprendimento pratico, anche ai fini di un **rapido inserimento nel mondo del lavoro**.

## LE MATERIE DELLE SCUOLE SUPERIORI

Nelle Scuole superiori ti troverai di fronte ad alcune materie che conosci già: *Italiano*, *Matematica*, *Storia...*, ma molte saranno le materie nuove, come *Latino*, *Greco*, *Fisica*, *Chimica*, *Diritto*, *Filosofia*, ecc.
Le materie di studio e gli orari d'insegnamento variano a seconda della scuola e dell'indirizzo che hai scelto.
Come esempio ti presentiamo il *Quadro orario* del **Liceo scientifico**.

| **PIANO DEGLI STUDI** | **1° biennio** | | **2° biennio** | | **5° anno** |
|---|---|---|---|---|---|
| | **1° anno** | **2° anno** | **3° anno** | **4° anno** | |
| **Attività e insegnamenti obbligatori per tutti gli studenti – Orario annuale** | | | | | |
| Lingua e letteratura italiana | 132 | 132 | 132 | 132 | 132 |
| Lingua e cultura latina | 99 | 99 | 99 | 99 | 99 |
| Lingua e cultura straniera | 99 | 99 | 99 | 99 | 99 |
| Storia e Geografia | 99 | 99 | | | |
| Storia | | | 66 | 66 | 66 |
| Filosofia | | | 99 | 99 | 99 |
| Matematica * | 165 | 165 | 132 | 132 | 132 |
| Fisica | 66 | 66 | 99 | 99 | 99 |
| Scienze naturali ** | 66 | 66 | 99 | 99 | 99 |
| Disegno e storia dell'arte | 66 | 66 | 66 | 66 | 66 |
| Scienze motorie e sportive | 66 | 66 | 66 | 66 | 66 |
| Religione cattolica o Attività alternative | 33 | 33 | 33 | 33 | 33 |
| Totale ore | **891** | **891** | **990** | **990** | **990** |

* Con Informatica al primo biennio
** Biologia, Chimica, Scienze della Terra

Nota: *È previsto l'insegnamento, in lingua straniera, di una disciplina non linguistica.*

1. ***Adesso lavora tu.*** **Per ogni tipo di scuola verso cui sei orientato, prepara una scheda come quella riportata sotto, in cui dovrai indicare:**

- le materie che si insegnano nell'intero percorso scolastico (3 – 4 – 5 anni);
- il numero delle ore settimanali, per ogni materia.

Consulta la *Guida per l'Orientamento* della tua Provincia, oppure collegati col sito del Ministero dell'Istruzione: www.istruzione.it.

| **Scuola:** ........................................ | **Materie di studio e orario annuale** | | | | |
|---|---|---|---|---|---|
| **Materie di studio** | **Orario** | | | | |
| | **1° anno** | **2° anno** | **3 anno** | **4° anno** | **5° anno** |
| | | | | | |
| | | | | | |
| | | | | | |
| | | | | | |
| | | | | | |
| | | | | | |
| | | | | | |
| | | | | | |
| | | | | | |
| | | | | | |
| | | | | | |
| | | | | | |
| **Totale** | | | | | |

Abilità

**2. Compila quest'altra tabella, in cui dovrai indicare i vantaggi e gli svantaggi che potrebbero derivare dalla frequenza di una certa scuola. Valuta anche i fattori ambientali: problemi familiari, distanza, costi, possibilità di trovare lavoro, ecc.**

**Segnala con...**
– un asterisco * le affermazioni che consideri importanti ma non essenziali;
– due asterischi ** le affermazioni che consideri essenziali per la tua scelta.

| Se frequenterò un ........................................ | |
|---|---|
| **Vantaggi** | **Svantaggi** |
| ........................................ | ........................................ |
| ........................................ | ........................................ |
| ........................................ | ........................................ |
| ........................................ | ........................................ |
| ........................................ | ........................................ |

## E SE CAPITA DI CAMBIARE IDEA?

Che cosa succede, se ci si rende conto di avere sbagliato la scelta della scuola superiore? Nulla di grave. **Le leggi attuali consentono il passaggio da una scuola all'altra anche nel corso dell'anno** (le cosiddette *passerelle*) e, ovviamente, anche il passaggio da un indirizzo all'altro, all'interno della stessa scuola. Le scuole dovranno seguire, caso per caso, i percorsi individuali degli studenti, per facilitare i passaggi necessari. L'obiettivo della legge è quello di evitare che gli studenti perdano anni scolastici.

## L'OFFERTA FORMATIVA DEL TERRITORIO

Per compiere una scelta realistica sugli studi da intraprendere dopo la Scuola secondaria di primo grado, è fondamentale conoscere l'offerta formativa del territorio. In altre parole, bisogna acquisire informazioni sulle scuole (e sugli indirizzi) presenti nel territorio in cui vivi.
Potrai trovare le informazioni necessarie sulla *Guida per l'Orientamento*, sui dépliant informativi o partecipando agli *Open Day* organizzati direttamente dalle Scuole superiori; poi, per ciascuna scuola di tuo interesse, compila una scheda come quella proposta.

### L'OFFERTA FORMATIVA DEL TERRITORIO

| L'offerta formativa del territorio | |
|---|---|
| Nome della scuola | ................................ |
| Indirizzo scolastico | ................................ |
| Durata | ................................ |
| Ore settimanali | ................................ |
| Materie più importanti | ................................ |
| Titolo di studio acquisito | ................................ |
| Sbocchi professionali | ................................ |
| Via | ................................ |
| Telefono | ................................ |
| Mezzi di trasporto / Tempo necessario per raggiungere la scuola | ................................ |

adattato da M.R. Mancinelli, E. Bonelli, *Orientare nella scuola del preadolescente*, Ed. La Scuola, Brescia 2005

Un fattore importante, ma spesso trascurato, nella scelta della Scuola superiore è quello dei **trasporti**.
La relativa vicinanza o lontananza della scuola incide sicuramente sui ritmi scolastici. Una scuola vicina non crea disagio, una scuola lontana sì, a causa del tempo impiegato per gli spostamenti. Le ore impiegate per raggiungere una scuola lontana, generalmente, sottraggono allo studio tempo ed energie.

# PENSARE AL FUTURO

**1] A questo punto devi pensare al futuro. Quale potrebbe essere la tua scelta dopo la Secondaria di Primo Grado? Anche se sei molto indeciso, prova a fare un'ipotesi.**

Scuola: ........................................................................................................

Trova almeno due motivazioni per questa scelta.

1. ........................................................................................................
2. ........................................................................................................

**2] Nel caso in cui la prima scelta non fosse realizzabile, ne hai una di riserva? Quale?**

........................................................................................................

Quali sono le motivazioni di questa seconda scelta?

1. ........................................................................................................
2. ........................................................................................................

**3] Rispetto alle due ipotesi, hai ancora dei dubbi? Quali?**

........................................................................................................

........................................................................................................

**4] Per definire meglio la tua scelta, quali informazioni vorresti avere? Sono ammesse più risposte.**

- ☐ Informazioni sui mestieri e sulle professioni del futuro.
- ☐ Informazioni sui posti di lavoro disponibili nei prossimi anni.
- ☐ Informazioni sulle mie attitudini.
- ☐ Informazioni sui programmi delle scuole superiori.
- ☐ Informazioni sulle scuole del territorio.
- ☐ Altro (specificare) ............................................................

**5] Come intendi reperire le informazioni che ti mancano? Sono ammesse più risposte.**

- ☐ Chiedendo agli insegnanti.
- ☐ Chiedendo ai genitori.
- ☐ Seguendo un percorso specifico di orientamento.
- ☐ Visitando direttamente le scuole superiori.
- ☐ Leggendo il POF delle scuole più interessanti.
- ☐ Cercando in Internet.
- ☐ Altro (specificare) ............................................................

........................................................................................................

## IL MOMENTO DELLA DECISIONE

A questo punto del lavoro dovresti avere già un'idea chiara dei tuoi interessi, delle tue capacità e delle possibilità lavorative che la società ti offre, tra l'oggi e il domani. Probabilmente hai già deciso quale strada intendi intraprendere nella vita e sei pronto per definire la tua scelta. È opportuno, però, un ulteriore momento di riflessione e di confronto per poter sciogliere gli eventuali dubbi rimasti e darti maggiore sicurezza.

Ti viene proposto, perciò, di **chiedere il parere dei tuoi genitori e degli insegnanti**, i quali, oltre ad avere più esperienza di te, hanno il vantaggio di conoscerti bene. Confrontati con le loro aspettative e cerca di capire le loro ragioni. È necessario che tu ti ponga in una posizione di assoluta disponibilità: solo così potrai trarre informazioni utili dalla loro "consulenza".
Compila le schede che seguono.

### Il parere dei genitori

**1. I tuoi genitori hanno espresso il proprio parere rispetto alla tua scelta dopo l'Esame di Stato?**

☐ Sì ☐ No

**2. Se sì, qual è la loro opinione? Come viene motivata?**

........................................................................................................

........................................................................................................

**3. Se no, per quale motivo non hanno ancora espresso un parere?**

........................................................................................................

........................................................................................................

**4. Sei d'accordo con l'opinione dei tuoi genitori?**

☐ Sì ☐ No ☐ In parte

Perché? ........................................................................................................

........................................................................................................

**5. Ci sono aspetti che sarebbe ancora utile chiarire con loro, prima di arrivare alla scelta definitiva?**

☐ Sì ☐ No

Se sì, quali? ........................................................................................................

........................................................................................................

### Il parere degli insegnanti

**1. Qual è il consiglio orientativo dei tuoi insegnanti?**

........................................................................................................

........................................................................................................

**2. Come hanno motivato il loro parere?**

**3. C'è qualche aspetto su cui non sei d'accordo?**

☐ Sì ☐ No

Se sì, quali?

**4. Ci sono notizie o informazioni ulteriori che vorresti avere da loro, rispetto all'orientamento?**

☐ Sì ☐ No

Se sì, quali?

## Arriviamo alle conclusioni

– Scelta di orientamento effettuata da te.

– Scelta di orientamento consigliata dai genitori.

– Scelta di orientamento consigliata dagli insegnanti.

– Rifletti sulle opinioni espresse da genitori e insegnanti: ci sono pareri discordi, rispetto alla tua scelta? Se sì, confrontati ancora con loro, per capirne le ragioni. Sei sempre determinato nella tua scelta? Perché?

### RELAZIONE FINALE

**Per concludere, elabora una relazione scritta sull'itinerario formativo che hai scelto. Devi indicare:**

- la scuola che intendi frequentare: durata, struttura dell'orario, discipline, organizzazione, ecc.;
- l'area professionale verso cui sei orientato nel futuro, indicando anche le competenze e le attitudini richieste, le possibilità di occupazione, ecc.;
- la relazione esistente tra il percorso scelto e le tue attitudini, il tuo rendimento scolastico, ecc.;
- i motivi, le informazioni, le persone e le esperienze che ti hanno aiutato a scegliere.

# Verifiche sommative

## Generi



## Temi

VERIFICA SOMMATIVA 1

U1
Il racconto fantastico

Cognome

Nome

Classe

Data

# Il gatto nero

Alla storia che mi accingo a mettere per iscritto, storia demenziale e tuttavia quanto mai domestica[1], non mi attendo né pretendo si dia credito.

Fin dall'infanzia, mi distingueva l'indole docile e umana. Avevo un cuore tenero, così tenero da fare di me lo zimbello dei miei compagni. Soprattutto prediligevo gli animali, e i miei genitori mi assecondavano donandomi in gran numero quelli che preferivo. Con questi trascorrevo la maggior parte del mio tempo, e mai ero così felice come quando li nutrivo e li vezzeggiavo. Crebbi, e con me crebbe questo tratto peculiare[2] del mio carattere e, da adulto, divenne per me una delle principali fonti di piacere. A chi abbia provato affetto per un cane fedele e intelligente, non occorre certo che io stia a spiegare la natura o l'intensità delle intime gioie che ne derivano. C'è qualcosa, nell'amore generoso e paziente di un animale, che va direttamente al cuore di colui che ha avuto frequente occasione di sperimentare la meschina amicizia e la tenue fedeltà – tenue come tela di ragno – di chi è solo un Uomo.

Mi sposai giovane, e fui felice di trovare in mia moglie un'indole congeniale alla mia. Osservando la mia predilezione per gli animali domestici, non perdeva occasione di procurarmi quelli delle specie più piacevoli. Avevamo uccelli, pesci dorati, un bellissimo cane, conigli, una scimmietta e *un gatto.*

Pluto – era questo il nome del gatto – era il mio beniamino, il mio compagno di giochi. Io solo gli davo da mangiare, e in casa lui mi seguiva dovunque andassi, anzi, a fatica riuscivo a impedirgli di accompagnarmi per la strada.

La nostra amicizia durò a questo modo per parecchi anni, durante i quali il mio temperamento, il mio carattere (arrossisco a confessarlo) avevano subìto, ad opera del demone dell'Intemperanza[3], un radicale peggioramento. Giorno dopo giorno divenni più lunatico, più irritabile, più indifferente ai sentimenti altrui. Mi lasciai andare al punto di usare con mia moglie un linguaggio brutale. Alla fine, arrivai anche a picchiarla. I miei animali, naturalmente, risentirono di questo mutamento d'umore. Non solo li trascurai, ma li maltrattai. Per Pluto, tuttavia, conservavo ancora quel tanto di riguardo che bastava a impedirmi di malmenarlo come, senza scrupolo alcuno, malmenavo i conigli, la scimmia o anche il cane, quando per caso o per affetto mi venivano tra i piedi. Ma la mia malattia mi divorava sempre più, e alla fine anche Pluto, che si fa-

**Abilità e Conoscenze**

- Identificare i dati inventariali
- Ricostruire l'ordine degli avvenimenti
- Riconoscere i collegamenti logici
- Conoscere gli elementi principali del racconto fantastico

***1. domestica***: casalinga, quotidiana, e quindi anche semplice, elementare.
***2. peculiare***: caratteristico.
***3. Intemperanza***: incapacità di moderazione, di autocontrollo; in particolare, abuso di bevande alcoliche.

ceva vecchio e di conseguenza un po' fastidioso – anche Pluto cominciò a provare gli effetti del mio malumore.

Una notte, tornando a casa, ubriaco fradicio, da uno dei ritrovi che frequentavo in città, ebbi l'impressione che il gatto evitasse la mia presenza. Lo afferrai; e allora, impaurito dalla mia violenza, coi denti mi ferì lievemente alla mano. Subito la furia di un demone si impadronì di me. Non mi conoscevo più. Sembrava che di colpo la mia anima originaria fosse fuggita via dal mio corpo; e una malignità più che diabolica, alimentata dal gin, eccitava ogni fibra del mio essere. Trassi dal taschino del panciotto un temperino, lo aprii, afferrai la povera bestia per la gola, e deliberatamente con la lama le cavai un occhio dall'orbita! Arrossisco, brucio, rabbrividisco nello scrivere di quest'infame atrocità.

Quando, al mattino, ritornò la ragione – svaporati nel sonno i fumi dell'orgia notturna – provai un sentimento in parte d'orrore, in parte di rimorso per il delitto di cui m'ero reso colpevole; ma era tutt'al più un sentimento debole ed equivoco, e l'anima non ne fu toccata. Di nuovo mi diedi agli stravizi, e ben presto affogai nel vino ogni ricordo del mio atto.

Nel frattempo, il gatto lentamente guarì. L'orbita dell'occhio perduto era, è vero, spaventosa a vedersi, ma pareva che non ne soffrisse più. Girava per la casa come al solito ma, come ben mi potevo aspettare, fuggiva in preda al terrore ogniqualvolta mi avvicinavo. Tanto m'era rimasto ancora del mio vecchio cuore, che dapprincipio mi afflisse quell'evidente ripugnanza da parte di una creatura che una volta mi aveva tanto amato. Ma a questo sentimento subentrò ben presto l'irritazione. E poi, a mia definitiva e irrevocabile rovina, sopraggiunse lo spirito della perversità.

Una mattina, a sangue freddo, gli infilai un cappio al collo e lo appesi al ramo d'un albero; l'impiccai con gli occhi colmi di lacrime e col più amaro rimorso nel cuore; l'impiccai perché sapevo che mi aveva amato, e perché sentivo che non mi aveva dato ragione alcuna per fargli del male; l'impiccai perché sapevo che così facendo commettevo un peccato.

La notte che seguì il giorno in cui fu commesso quell'atto crudele, mi destò dal sonno il grido "Al fuoco!". Le cortine[4] del mio letto erano in fiamme. Tutta la casa ardeva. Con grande difficoltà sfuggimmo all'incendio: mia moglie, un domestico, e io. La distruzione fu completa. Tutte le mie ricchezze terrene vennero divorate dal fuoco, e da allora mi abbandonai alla disperazione.

All'indomani dell'incendio, ispezionai le rovine. Con una sola eccezione, i muri erano crollati. L'eccezione riguardava un muro

*4. cortine*: tendaggi che chiudono tutt'intorno il letto a baldacchino.

divisorio, non molto spesso, che stava, più o meno, nel mezzo della casa, e contro il quale prima poggiava la testata del mio letto. Qui l'intonaco aveva resistito in gran parte all'azione del fuoco, giacché – a questo attribuii il fatto – era stato steso di recente. Intorno a questo muro si era raccolta una fitta folla, e molte persone sembravano esaminare una certa parte con minuziosa e viva attenzione. Le parole "strano!" "singolare!" e altre espressioni analoghe destarono la mia curiosità. Mi avvicinai e vidi, come scolpita a bassorilievo sulla superficie bianca, la figura di un gigantesco *gatto*. L'immagine era resa con stupefacente esattezza. Intorno al collo dell'animale, c'era una corda.

Dapprima, al vedere questa apparizione – poiché non potevo considerarla che tale – estremo fu il mio stupore, e il mio terrore. Ma infine mi soccorse la riflessione. Il gatto, ricordavo, era stato impiccato in un giardino adiacente alla casa. All'allarme dell'incendio, il giardino era stato subito invaso dalla folla, e qualcuno doveva aver staccato l'animale dall'albero per gettarlo, attraverso una finestra aperta, in camera mia. Ciò, probabilmente, allo scopo di destarmi dal sonno. Il crollo degli altri muri aveva compresso la vittima della mia crudeltà dentro la sostanza dell'intonaco fresco; poi la calce e l'azione combinata delle fiamme e dell'ammoniaca della carogna avevano creato l'immagine così come ora la vedevo.

Una notte, mentre sedevo semistordito in un covo peggio che infame, la mia attenzione fu improvvisamente attratta da qualcosa di nero che stava in cima a una delle gigantesche botti di gin, o rum che fosse, che costituivano il principale arredamento del locale. Da qualche minuto fissavo il coperchio della botte, e ciò che ora mi sorprese fu di non aver notato prima quel qualcosa che vi stava sopra. Mi avvicinai e lo sfiorai con la mano. Era un gatto nero, un bel gatto grosso: grosso quasi come Pluto, e a lui somigliantissimo, tranne per un particolare. Su tutto il corpo, Pluto non aveva un solo pelo bianco; questo gatto, invece, aveva una larga, sebbene indefinita, chiazza bianca che gli copriva il petto quasi per intero.

Non appena lo toccai, si alzò, prese a farmi le fusa, mi si strofinò contro la mano, e parve tutto contento della mia attenzione. Subito proposi al padrone del locale di acquistarlo; ma costui non ne rivendicò la proprietà – non ne sapeva nulla – non l'aveva mai visto prima di allora.

Continuavo ad accarezzarlo, e quando mi accinsi a rincasare, l'animale si mostrò desideroso di accompagnarmi. Acconsentii, e per la strada di tanto in tanto mi chinavo a fargli una carezza. Una volta a casa, si ambientò immediatamente, e subito divenne il beniamino di mia moglie.

Per parte mia, ben presto sentii nascere dentro di me una viva antipatia nei suoi confronti. Era proprio il contrario di quel che avevo previsto; ma – non so come e perché avvenisse – il suo evidente affetto per me non faceva che disturbarmi e irritarmi. A poco a poco questi sentimenti, disgusto e fastidio, crebbero fino a mutarsi nell'asprezza e nell'odio.

Sotto l'oppressione continua di tormenti come questi, l'esiguo residuo di bene che era in me finì col soccombere. Pensieri malvagi – i pensieri più tenebrosi e malvagi – divennero i miei soli, assidui compagni. Il mio abituale umor tetro si accentuò fino a mutarsi in odio di tutto e di tutta l'umanità; mentre dei subiti[5], frequenti e incontrollabili accessi di una furia alla quale ora ciecamente mi abbandonavo, mia moglie, che mai si lamentava, era, ahimè, la vittima più consueta e paziente.

Un giorno mi accompagnò, per qualche faccenda domestica, nella cantina del vecchio edificio che la povertà ci costringeva ad abitare. Il gatto mi seguì per i ripidi gradini e, avendomi quasi fatto cadere a testa in giù, mi esasperò alla follia. Brandendo un'ascia, e dimenticando nella mia furia il puerile timore che fino a quel momento aveva frenato la mia mano, vibrai all'animale un colpo che, se fosse calato come volevo, gli sarebbe certo riuscito fatale. Ma il colpo fu arrestato dalla mano di mia moglie. Questo suo intervento scatenò in me una rabbia più che demoniaca: liberai il braccio dalla sua presa e le affondai l'ascia nel cervello. Cadde morta all'istante, senza un gemito.

Compiuto questo orrendo assassinio, subito, e in piena lucidità, mi disposi a occultare il cadavere. Decisi di murarlo nella cantina, come si tramanda che nel medioevo i monaci murassero le loro vittime.

A tale scopo la cantina era quanto mai adatta. I muri erano poco compatti, e di recente erano stati ricoperti per intero di un ruvido intonaco che a causa dell'umidità dell'atmosfera non aveva potuto indurirsi. Inoltre, in uno dei muri c'era una sporgenza, dovuta a un falso camino o focolare, che era stata riempita così da non presentare differenze rispetto al resto della cantina. Non avevo dubbi di potere agevolmente rimuovere i mattoni in quel punto per poi introdurvi il cadavere e murare tutto come prima così che nessun occhio scoprisse alcunché di sospetto.

E in questo mio calcolo non mi sbagliai. Con una grossa leva di ferro spostai i mattoni con tutta facilità e, collocato con cura il cor-

**5. *subiti***: improvvisi.

po contro la parete interna, lo puntellai in quella posizione; poi, con poca fatica, rifeci l'ammattonato così come era prima. Mi procurai calcina, sabbia e setole e, usando ogni possibile precauzione, preparai un intonaco che non era possibile distinguere dal vecchio e lo stesi accuratamente sul muro nuovo. Quando ebbi finito, constatai soddisfatto che tutto era a posto. Non v'era segno nel muro che esso fosse stato manomesso. Con la massima cura rimossi da terra i calcinacci. Mi guardai attorno trionfante, e mi dissi: – Qui, almeno, non ho lavorato invano.

Il passo successivo fu di cercare la bestia che era stata la causa di tanta sciagura: poiché infine ero fermamente deciso a metterla a morte. Non comparve durante la notte, e così, per una notte almeno da che m'era entrato in casa, dormii d'un sonno profondo e tranquillo; sì, *dormii*, pur col peso dell'assassinio sull'anima!

Passò il secondo giorno, il terzo, e ancora il mio tormentatore non si vedeva. Di nuovo respirai come un uomo libero. Il mostro, atterrito, era fuggito per sempre dalla mia casa! Non l'avrei veduto mai più! Ero al colmo della felicità! Guardavo alla mia felicità futura come a una certezza assoluta.

Il quarto giorno dopo l'assassinio, del tutto inaspettatamente, si presentarono in casa mia alcuni agenti di polizia e procedettero a un nuovo, minuzioso esame dell'edificio. Ma, sicuro com'ero dell'irreperibilità del mio nascondiglio, non provai il minimo imbarazzo. Gli agenti mi ordinarono di accompagnarli nella perquisizione. Non lasciarono inesplorato nessun angolo, nessun recesso. Alla fine, per la terza o quarta volta, scesero in cantina. Camminai avanti e indietro con fare disinvolto, le braccia conserte. Quelli della polizia erano pienamente soddisfatti e si disponevano ad andarsene. L'esultanza del mio cuore era troppo forte perché potessi frenarla. Smaniavo dalla voglia di dire una parola, una sola, in segno di trionfo, e rendere doppiamente certa la loro certezza della mia innocenza.

– Signori –, dissi alla fine, mentre il gruppo risaliva le scale, – sono lieto di aver placato i vostri sospetti. Auguro a tutti voi buona salute, e un po' più di cortesia. Tra parentesi, signori miei, questa – questa è una casa molto ben costruita – (nella smania di parlare con disinvoltura, quasi non sapevo quel che mi usciva di bocca), – potrei anzi dire costruita in modo *eccellente*. Questi muri – ve ne andate, signori? – questi muri sono solidamente fabbricati –; e qui, da nient'altro spinto che dal desiderio frenetico di fare una bravata, picchiai forte con un bastone che tenevo in mano proprio su quella parte dell'ammattonato dietro al quale stava il cadavere della mia diletta sposa.

Ma possa Dio proteggermi e salvarmi dalle zanne del Grande Nemico! Non appena l'eco dei miei colpi si smorzò nel silenzio, mi rispose una voce dall'interno della tomba! Un lamento, dapprima soffocato e rotto come un singhiozzo di un bimbo, e che in breve salì di tono, divenne un grido lungo, altissimo, ininterrotto, assolutamente innaturale, disumano: un ululato, uno strido lamentoso, metà d'orrore e metà di trionfo, quale avrebbe potuto levarsi solo dall'inferno, dalle gole dei dannati nelle loro torture, e insieme dalle gole dei demoni che esultano nella dannazione.

Dei miei pensieri è follia parlare. Mi sentii mancare, barcollai verso il muro opposto. Per un istante, gli uomini sulle scale restarono immobili: attoniti, atterriti. Un istante dopo, una dozzina di solide braccia lavoravano al muro. Cadde di schianto. Il cadavere, già putrefatto in gran parte e imbrattato di grumi di sangue, apparve, ritto in piedi, agli occhi degli spettatori. Sulla sua testa, la bocca rossa spalancata e l'unico occhio di fiamma, stava appollaiata la bestia orrenda, le cui arti mi avevano sedotto all'assassinio, e la cui voce accusatrice mi consegnava al boia. Avevo murato il mostro dentro la tomba!

da E.A. Poe, *Racconti straordinari*,
Principato, Milano 1993

## ABILITÀ

### COMPRENSIONE

**1. Indica se le affermazioni sono vere (V) o false (F).** **V F**

- **a.** Il protagonista è sempre stato insofferente nei confronti degli animali. ▢ ▢
- **b.** È stato il matrimonio a modificare l'atteggiamento del protagonista nei confronti degli animali. ▢ ▢
- **c.** Pluto è un animale molto intelligente. ▢ ▢
- **d.** La moglie del protagonista cava un occhio a Pluto, con un temperino. ▢ ▢
- **e.** Il protagonista strangola Pluto. ▢ ▢
- **f.** L'immagine che appare sul muro della casa dopo l'incendio è quella di Pluto. ▢ ▢
- **g.** Il secondo gatto manifesta il desiderio di accompagnare il protagonista a casa. ▢ ▢
- **h.** Il giardino si trova dove il protagonista occulta il cadavere della moglie. ▢ ▢
- **i.** Il racconto è ricco di elementi soprannaturali. ▢ ▢
- **l.** Il protagonista si agita all'arrivo della polizia. ▢ ▢

**PUNTI ........ /10**

2. **Riordina gli avvenimenti, numerandoli in modo corretto.**
   - **a.** ▢ Il protagonista, in una delirante bravata, dà alla parete, dove ha occultato il cadavere, un colpo con un bastone: un urlo disumano risponde dall'altra parte.
   - **b.** ▢ Un incendio distrugge la casa del protagonista, a eccezione di un muro di tramezzo.
   - **c.** ▢ Il protagonista, in un locale, incontra un altro gatto: dopo poco tempo prova avversione per quest'ultimo.
   - **d.** ▢ Il protagonista infila al collo di Pluto un nodo e lo impicca al ramo di un albero.
   - **e.** ▢ Il protagonista, una sera, torna a casa ubriaco e cava, con un temperino, un occhio a Pluto.
   - **f.** ▢ La polizia scopre il cadavere della moglie sulla cui testa c'è il secondo gatto nero.
   - **g.** ▢ Il protagonista e la moglie vivono serenamente in casa insieme ad alcuni animali e a un gatto di nome Pluto.
   - **h.** ▢ L'indole del protagonista, dopo alcuni anni, si degrada: comincia a maltrattare Pluto e gli altri animali, e a parlare con insolenza alla moglie.
   - **i.** ▢ Il protagonista tenta di uccidere il secondo gatto con un'ascia, la moglie gli afferra il braccio e lui la uccide, occultandone il cadavere in cantina.
   - **l.** ▢ La polizia, inaspettatamente, perquisisce l'appartamento.

**PUNTI** ........ **/10**

## ANALISI

3. **Indica le risposte esatte.**
   - **a.** Qual è il collegamento demoniaco tra il secondo gatto e Pluto?
     - ▢ La privazione di un occhio e l'ostinazione con cui seguono il protagonista.
     - ▢ La chiazza bianca a forma di corda e la privazione di un occhio.
     - ▢ La chiazza bianca a forma di corda e l'ostinazione con cui seguono il protagonista.
   - **b.** Quando avviene il cambiamento, la metamorfosi del protagonista?
     - ▢ Quando si sposa.
     - ▢ Quando arriva a casa Pluto.
     - ▢ Quando fa uso di bevande alcoliche.
   - **c.** Perché il protagonista uccide la moglie?
     - ▢ Per rabbia.
     - ▢ Per sbaglio.
     - ▢ Per vendetta.
   - **d.** Secondo te, qual è il tema del racconto?
     - ▢ Il rapporto tra gli uomini e gli animali.
     - ▢ Il rapporto tra marito e moglie.
     - ▢ Il rapporto tra il Bene (la Legge) e il Male.
   - **e.** Perché il gatto è di colore nero?
     - ▢ Il nero è simbolicamente tenebroso.
     - ▢ Il nero è il colore del gatto che Poe ha in casa.
     - ▢ Il nero piace al protagonista.

**f.** Il nome Pluto è allusivo di qualcosa?

- ▢ Di un personaggio di Walt Disney.
- ▢ Del dio degli Inferi.
- ▢ Del nome del gatto che Poe ha in casa.

**g.** Qual è l'evento imprevedibile e agghiacciante che smaschera, alla fine, il protagonista?

- ▢ La bastonata inferta alla parte della muratura, dove era stato nascosto il cadavere della moglie.
- ▢ L'arrivo della polizia.
- ▢ Il lamento disumano che proviene dal muro, dove era stato nascosto il cadavere della moglie.

**h.** Che cosa sono le Zanne del Nemico?

- ▢ Gli artigli del gatto.
- ▢ Gli artigli del Diavolo.
- ▢ Le mani della moglie.

PUNTI ...... /8

## LESSICO

**4. Indica il significato dei vocaboli, tratti dal testo, scegliendo tra le soluzioni proposte.**

| | | |
|---|---|---|
| **a.** *Succinto*: | ▢ breve, sintetico. | ▢ sopra la cintura. |
| **b.** *Indole*: | ▢ senza dolore. | ▢ carattere, inclinazione. |
| **c.** *Radicale*: | ▢ che riguarda la radice. | ▢ totale. |
| **d.** *Perversità*: | ▢ inclinazione al male. | ▢ vizio, ingiustizia. |
| **e.** *Bettole*: | ▢ alberi a latifoglie. | ▢ osterie di basso livello. |
| **f.** *Covo*: | ▢ rifugio. | ▢ luogo di riunione. |
| **g.** *Ribrezzo*: | ▢ brivido. | ▢ senso di schifo e di orrore. |
| **h.** *Ammattonato*: | ▢ pavimento di mattoni. | ▢ ammazzato con un mattone. |

PUNTI ...... /8

**5. Utilizza ciascuna delle espressioni date per costruire una frase con cui dimostri di conoscerne il significato (2 punti per ogni espressione correttamente utilizzata).**

..........................................................................................

..........................................................................................

..........................................................................................

..........................................................................................

..........................................................................................

..........................................................................................

Finzione e realtà - linguaggio allusivo - fatti strani e assurdi - struttura narrativa

PUNTI ...... /8

CONOSCENZE

GENERE

**6. Indica il completamento adatto.**

**a.** Il racconto appartiene alla tipologia del:
- ▢ fantastico visionario.
- ▢ fantastico quotidiano.
- ▢ meraviglioso.

**b.** L'inizio del brano, basato sulla contrapposizione tra due aggettivi (*demenziale* e *domestica*), lascia presagire la caratteristica fondamentale della narrazione, cioè quella di:
- ▢ far emergere il quotidiano e la normalità dalle cose assurde e terrificanti della vita.
- ▢ far emergere il terrificante e l'assurdo dalla più ovvia, apparente e innocua quotidianità.
- ▢ far emergere entrambi, senza rapporti di consequenzialità.

**c.** Nel genere fantastico:
- ▢ bisogna evocare scene irreali rendendole verosimili, in modo da creare l'effetto di angoscia, terrore, paura.
- ▢ bisogna saper costruire l'intreccio per destare paura nel lettore.
- ▢ bisogna saper costruire la fabula per destare paura nel lettore.

**d.** Le tecniche narrative utilizzate nelle varie tipologie del fantastico:
- ▢ sono completamente differenti.
- ▢ sono sempre uguali.
- ▢ per certi versi si assomigliano.

**e.** I personaggi della tipologia del fantastico quotidiano sono:
- ▢ individui anonimi, all'apparenza normali.
- ▢ individui che già in partenza hanno qualcosa di strano.
- ▢ individui soprannaturali.

**f.** Nel genere fantastico:
- ▢ i luoghi, le situazioni, i personaggi sono sempre realistici.
- ▢ i luoghi, le situazioni, i personaggi diventano simbolo di qualcos'altro.
- ▢ solo i luoghi diventano simbolo di qualcos'altro.

**g.** Fra quelli elencati, gli espedienti narrativi che tendono a coinvolgere il narratore sono:
- ▢ il narratore onnisciente e l'uso di un linguaggio elevato.
- ▢ il racconto in prima persona e un intreccio molto avvincente.
- ▢ il racconto in prima persona e i segni verbali di riconoscimento.

PUNTI ......... /7

## VALUTA I RISULTATI

- **Ho trovato difficoltà nella lettura del testo:**
  ▢ sì. ▢ no.
- **Le difficoltà si riferiscono:**
  ▢ alla comprensione dei fatti.
  ▢ alla comprensione del lessico.
  ▢ alla comprensione del messaggio, dei tempi.
  ▢ alla conoscenza del genere.
- **Ho trovato difficoltà nella comprensione delle consegne degli esercizi:**
  ▢ sì. ▢ no.
- **Le difficoltà si riferiscono:**
  ▢ alla comprensione dei termini.
  ▢ alla comprensione del lavoro da svolgere.
- **Ritengo complessivamente la mia prova:**
  ▢ positiva. ▢ buona. ▢ accettabile. ▢ incerta. ▢ scadente.

VALUTAZIONE

**Totale punti** 51 **/ 51** **Percentuale** 100 **/ 100**

# Le domande di Clarisse

*I fatti avvengono in un futuro sulla Terra, dove i libri sono dichiarati fuorilegge e vengono bruciati. Oggetto del brano è l'incontro fra il pompiere Montag e la giovane Clarisse, sua vicina di casa, che clandestinamente conserva e legge libri. La conversazione fra i due mette in luce una profonda diversità di carattere e due modi opposti di guardare il mondo.*

Cognome

Nome

Classe

Data

**Abilità e Conoscenze**

- Individuare gli elementi tipici del racconto di fantascienza
- Analizzare i caratteri dei personaggi
- Confrontare criticamente due epoche diverse

– Non vi dispiace se torno a casa con voi? Mi chiamo Clarisse McClellan.

– Clarisse. Io sono Guy Montag. Su, andiamo. Che cosa state facendo in giro così tardi la notte? Quanti anni avete?

Camminarono nella notte dall'alito tiepido-freddo sulla strada d'argento, e c'era in quell'aria un sentore[1] appena percettibile di albicocche e di fragole, e lui, guardandosi intorno, si rese conto di come ciò fosse impossibile, con la stagione ormai tanto avanzata.

C'era soltanto la ragazza che ora gli camminava accanto, la faccia luminosa come neve al chiaro di luna, e lui si accorse che lei intanto agitava nella mente le sue domande, cercando le risposte migliori che le fosse possibile.

– Dunque – cominciò la ragazza – ho diciassette anni e sono pazza. Mio zio dice che queste due cose vanno sempre insieme. Quando qualcuno ti chiede quanti anni hai, mi ha detto, tu di' sempre diciassette e che sei pazza. Non è forse una bell'ora questa, di notte, per fare due passi? Mi piace sentire l'odore delle cose, guardare come sono fatte, e alle volte resto alzata tutta la notte, a camminare, e a vedere il sole che si leva.

Continuarono a camminare in silenzio e alla fine lei disse, come soprappensiero:

– Sapete? Non ho affatto paura di voi, io.

Egli ne fu stupito.

– Perché dovreste aver paura di me?

– Oh, tanta gente ha paura. Paura degli addetti agli incendi, voglio dire. Ma voi, dopo tutto, non siete che un uomo come tutti gli altri... Mi permettete una domanda? Da quanto tempo lavorate agli incendi?

– Da quando avevo vent'anni, dieci anni fa.

– Non leggete mai qualcuno dei libri che bruciate?

Lui si mise a ridere:

*1. **un sentore***: un lieve profumo.

– Ma è contro la legge!

– Oh, già, certo.

– È un bel lavoro, sapete. Il lunedì bruciare i luminari[2] della poesia, il mercoledì Melville[3], il venerdì Whitman[4], ridurli in cenere e poi bruciare la cenere. È il nostro motto ufficiale.

Continuarono a camminare e infine la ragazza domandò:

– È vero che tanto tempo fa i vigili del fuoco *spegnevano* gli incendi invece di appiccarli?

– No, è una leggenda. Le case sono sempre state antincendio, potete prendermi in parola.

– È strano. Mi ricordo di aver sentito dire che molto, molto tempo fa le case ardevano spesso per disgrazia e che occorrevano gli uomini del fuoco per *domare* le fiamme.

Montag si mise a ridere.

Lei volse il capo a guardarlo, di scatto:

– Perché ridete?

– Non lo so. – Scoppiò nuovamente a ridere, ma smise di colpo. – Perché rido?

– Non capisco: ridete, quando io non ho detto nulla di buffo e la vostra risposta è pronta. In fondo, non smettete mai di pensare alle cose di cui vi domando.

Montag si fermò bruscamente:

– Sapete che siete una ragazzina molto stramba[5]? – le disse, fissandola. – Non avete dunque il minimo senso di rispetto?

– Non avevo nessuna intenzione di offendervi. È che mi piace troppo osservare la gente com'è fatta, ecco tutto.

– Ebbene, questo non vi dice proprio nulla? – E si batté la punta delle dita sul numero, 451° [6], che portava cucito sulla manica color cenere.

– Oh, sì, certo – sussurrò lei, affrettando il passo. – Avete mai osservato gli auto-reattori correre per i viali a rotta di collo, laggiù?

– Ma ora voi cambiate discorso!

– Alle volte mi coglie il dubbio che gli automobilisti non sappiano che cosa sia l'erba, o come siano i fiori, perché non li hanno mai visti, non ci sono mai passati vicino con lentezza. Se mostrate a un automobilista una macchia verdastra. "Oh, sì" vi risponde "è dell'erba, quella!". Se gli mostrate una chiazza rosata, vi dirà che è un rosaio, mentre le case sono per lui delle macchie biancastre e quelle marroni vacche al pascolo. Mio zio una volta fu colto a guidare lentamente su un'autostrada: a settanta chilometri all'ora, andava, e lo tennero in prigione per due giorni. Non è una cosa buffa e anche un po' triste, in fondo?

**2. *i luminari***: i grandi autori.
**3. *Melville***: Herman Melville (1819-1891); grande scrittore statunitense, conosciuto soprattutto per il suo capolavoro *Moby Dick*.
**4. *Whitman***: Walt Whitman (1819-1892), poeta e scrittore statunitense.
**5. *stramba***: strana.
**6. *451°***: è la temperatura della scala Fahrenheit, raggiunta la quale la carta brucia.

– Voi pensate a troppe cose – disse Montag, a disagio.

– Raramente guardo alla TV il programma "tra le pareti del salotto" o vado alle corse o ai parchi di divertimento. Così, mi resta un mucchio di tempo per i pensieri più strampalati[7], direi. Avete mai visto quei cartelloni pubblicitari alti come grattacieli ai margini delle autostrade appena fuori città? Lo sapevate che una volta i cartelloni pubblicitari erano alti al massimo sei o sette metri? Ma poi le auto sono diventate così veloci che si è reso necessario dilatare[8] la superficie riservata alla pubblicità, perché gli automobilisti avessero il tempo, di leggerla, passando.

– No, non lo sapevo, questo! – E Montag scoppiò bruscamente a ridere.

– Ma ci sono altre cose che io so e voi non sapete! Per esempio, c'è della rugiada sull'erba, la mattina presto.

A un tratto, Montag si accorse di non riuscire a ricordare se questo lo avesse mai saputo o no, e la cosa lo rese nervoso.

– E se guardate bene – ed ella indicò il cielo col mento, – c'è un volto umano sulla luna.

Da gran tempo lui non guardava la luna.

Fecero il resto della strada in silenzio, lei in un silenzio pensoso, lui in un silenzio di malessere angosciato, nel quale le dardeggiava[9] occhiate piene di rimprovero. Quando arrivarono davanti alla casa della ragazza, tutte le luci, dentro, erano accese.

– Che cosa sta succedendo? – Ben di rado Montag aveva visto tante luci in una casa.

– Oh, soltanto il babbo, la mamma e lo zio che se ne stanno alzati a chiacchierare. È come essere un pedone, ma una cosa ancora più rara e insolita. Lo zio fu arrestato un'altra volta... non ve l'avevo detto?... perché era pedone. Oh, siamo una famiglia bislacca[10], noi!

– Ma di che state parlando?

Ora fu lei che si mise a ridere.

– Buona notte! – gli gridò. E si avviò per il vialetto di casa sua. Quindi parve ricordarsi improvvisamente di qualcosa e tornò verso di lui, fissandolo piena di curiosità e di stupore: – Siete felice? – domandò.

– *Che cosa*? Sono *che*? – gridò lui di rimando.

Ma la ragazza se n'era già andata, si allontanava correndo nel chiaro di luna. S'udì la porta della sua casa chiudersi dolcemente.

– Mi ha domandato se sono felice! Che razza di assurdità?

L'uomo smise di ridere.

*7. **strampalati***: bizzarri, stravaganti.
*8. **dilatare***: estendere, ingrandire.
*9. **dardeggiava***: lanciava.
*10. **bislacca***: strana, dal comportamento non uguale a quello delle altre.

Inserì la mano nella cavità a forma di guanto della porta di casa e attese che riconoscesse il suo tocco: la porta infatti si schiuse[11] silenziosamente.

– Certo che sono felice. Che cosa crede? Che non lo sia? – domandò alle pareti silenziose intorno.

*11. si schiuse*: si aprì.

da R. Bradbury, *Fahrenheit* 451, A. Mondadori, Milano 1989

## ABILITÀ

### COMPRENSIONE

1. **L'incontro fra Montag e Clarisse avviene:**
   ▢ al mattino. ▢ di pomeriggio. ▢ in tarda serata. PUNTI ........ /1

2. **Clarisse rivolge a Montag una fitta serie di domande; su quali temi la ragazza interroga l'uomo?**
   ▢ Sulla sua professione. ▢ Sulle sue abitudini private.
   ▢ Sulla sua vita familiare. ▢ Sulla sua felicità interiore. PUNTI ........ /4

3. **Riconosci, fra le seguenti, le abitudini più care a Clarisse.**
   ▢ Guardare la TV. ▢ Camminare la notte. ▢ Chiacchierare fino a tarda ora.
   ▢ Guidare l'auto a forte velocità. ▢ Osservare la natura. PUNTI ........ /5

4. **Spiega il motivo per cui nella casa di Clarisse sono accese molte luci.**
   ........................................................................ PUNTI ........ /1

### ANALISI

5. **Nella società descritta dal brano sono riconoscibili molti elementi di tipo fantascientifico, non presenti nella realtà attuale. Elencane almeno tre.**
   ........................................................................ PUNTI ........ /3

6. **Fra le seguenti indicazioni, riconosci quelle che, a tuo parere, distinguono il carattere e gli atteggiamenti di Clarisse.**
   ▢ È taciturna e non conversa volentieri.
   ▢ È curiosa di fare conoscenza con persone nuove.
   ▢ Si preoccupa di rispettare le regole e le leggi.
   ▢ Non si preoccupa di assumere comportamenti anomali.
   ▢ Ama parlare di sé e dei propri familiari.
   ▢ Ha paura di rivolgere la parola a persone sconosciute. PUNTI ........ /6

**7. Montag non conosce molte fra le cose che Clarisse gli riferisce: quali?**

- ▢ Una volta i pompieri spegnevano gli incendi, anziché appiccarli.
- ▢ Sulla Luna sembra disegnarsi un volto umano.
- ▢ Un tempo le case non erano a prova di incendio.
- ▢ Gli autoreattori corrono a elevata velocità.
- ▢ Tempo addietro i cartelloni pubblicitari erano di dimensioni più ridotte. PUNTI ....... /5

**8. Nella parte finale del brano, Bradbury accenna al nervosismo che sembra cogliere Montag: quale elemento determina la sua ansia?**

- ▢ Montag ha fretta di tornare a casa e Clarisse gli fa perdere del tempo.
- ▢ Clarisse gli pone domande che lo mettono a disagio.
- ▢ Clarisse non gli permette di esprimere le sue reali opinioni. PUNTI ....... /1

**9. Alla domanda di Clarisse: *Siete felice*?, Montag smette di ridere; tale atteggiamento significa che:**

- ▢ Montag giudica impertinente e maleducato quel tipo di domanda.
- ▢ Montag non si aspetta quella domanda dato che Clarisse aveva prima parlato d'altro.
- ▢ la domanda colpisce Montag che dà una risposta solo in apparenza sicura. PUNTI ....... /1

## LESSICO

**10. *La faccia luminosa come neve al chiaro di luna*; in questa espressione è contenuta:**

▢ una similitudine. ▢ un'iperbole. ▢ una metafora. PUNTI ....... /1

**11. Scegli, fra i seguenti, i tre sostantivi a cui può meglio riferirsi l'aggettivo qualificativo *strambo*.**

| Comportamento - valico - carattere - pedone - individuo |
|---|

PUNTI ....... /3

**12. Il prefisso *anti* possiede tre distinti significati, ossia: *davanti*, *contro*, *prima*; per ciascun termine indica il senso di tale prefisso. Un vocabolo non lo contiene.**

**a.** Antidiluviano: ..........................................

**b.** Antistante: ..........................................

**c.** Antibatterico: ..........................................

**d.** Antifascista: ..........................................

**e.** Antipanico: ..........................................

**f.** Anticorpo: ..........................................

**g.** Antico: ..........................................

**h.** Anticamera: .......................................... PUNTI ....... /8

13. ***Il lunedì bruciare i luminari... ridurli in cenere...*; gli infiniti *bruciare* e *ridurre*, in questo contesto narrativo, esprimono:**
- ☐ le opinioni personali di Montag.
- ☐ il racconto delle sue azioni.
- ☐ i comandi che gli vengono impartiti.

PUNTI ...... /1

## CONOSCENZE

### GENERE

14. **A tuo parere, il brano che hai letto:**
- ☐ privilegia le scene caratterizzate da ritmo vivace e da azione intensa.
- ☐ approfondisce la psicologia e gli atteggiamenti dei personaggi.
- ☐ è descrittivo dell'ambiente sociale e culturale in cui è collocata la storia.
- ☐ vuole sottolineare come sia diversa la mentalità di una persona giovane rispetto a quella di un adulto.
- ☐ vuole far capire al lettore quale potrà essere lo sviluppo della vicenda.

PUNTI ...... /5

15. **Secondo te, dalla lettura del testo si può pensare che l'evoluzione della nostra società:**
- ☐ favorirà gli incontri fra gli individui e lo sviluppo della reciproca conoscenza.
- ☐ moltiplicherà le conquiste della tecnologia che ci aiuteranno a essere più felici.
- ☐ potrà condurre a condizioni di vita e ad abitudini che accresceranno la nostra solitudine.

PUNTI ...... /1

16. **Individua, fra quelle elencate, alcune caratteristiche essenziali del testo fantascientifico.**
- ☐ Modifica e trasforma le condizioni del vivere attuale.
- ☐ Crea personaggi con una fisionomia assai differente dalla nostra.
- ☐ Invita a riflettere circa la nostra prossima evoluzione individuale e sociale.
- ☐ Proietta le nostre avventure in mondi sconosciuti e lontani.
- ☐ Riconosce alcuni problemi già propri del mondo contemporaneo.

PUNTI ...... /5

## VALUTA I RISULTATI

- **Ho trovato difficoltà nella lettura del testo:**
  ▢ sì. ▢ no.
- **Le difficoltà si riferiscono:**
  ▢ alla comprensione dei fatti. ▢ alla comprensione del messaggio.
  ▢ alla comprensione del lessico. ▢ alla conoscenza del genere.
- **Ho trovato difficoltà nella comprensione delle consegne degli esercizi:**
  ▢ sì. ▢ no.
- **Le difficoltà si riferiscono:**
  ▢ alla comprensione dei termini. ▢ alla comprensione del lavoro da svolgere.
- **Ritengo complessivamente la mia prova:**
  ▢ positiva. ▢ buona. ▢ accettabile. ▢ incerta. ▢ scadente.

VALUTAZIONE

**Totale punti** ............ **/ 51** **Percentuale** ............ **/ 100**

Cognome

Nome

Classe

Data

**Abilità e Conoscenze**

- Individuare ambientazione, tempo e caratteri dei personaggi
- Comprendere i temi presenti nel testo
- Mettere in relazione i beni trattati con il contesto storico

# "Io non ammazzo gli uomini"

Erano andati giù per gli ultimi duecento metri strisciando cauti nell'ombra di tronco in tronco, ed ora vedevano il ponte, lontano ancora cinquanta metri, tra gli ultimi pini del versante ripido. Il sole del tardo pomeriggio che ancora pioveva sulla spalla bruna del monte, faceva spiccare il ponte oscuro contro il vuoto della gola ripida. Era un ponte d'acciaio ad un solo arco ed aveva ad ogni estremità una garitta[1]. Era abbastanza largo per dar passaggio a due automobili; si librava[2] con solida e leggera eleganza metallica su una gola profonda dentro la quale, giù in basso, l'acqua bianca di un ruscello saltava tra rocce e massi, correndo a valle verso l'emissario principale del valico. Gli occhi di Robert Jordan vedevano solo la sagoma del ponte. Poi la luce impallidì, scomparve, e guardando tra gli alberi la cima bruna e rotonda dietro cui il sole era acceso, egli notò che il riflesso crudo non lo accecava più, che il versante del monte era coperto di un fresco, tenero verde e sotto la cresta c'erano delle chiazze di neve vecchia.

Guardò poi di nuovo il ponte nell'ultimo breve lume rivelatore che stava per sparire e ne studiò la costruzione. Demolirlo non era un problema arduo. Mentre guardava il ponte, Robert Jordan si tolse dal portafoglio un taccuino e fece rapidamente un paio di schizzi. Avrebbe calcolato più tardi le quantità di dinamite necessarie: ora segnò solo i punti dove andava messo l'esplosivo per spezzare i sostegni dell'arco e farne cadere un tratto nell'abisso. Tutto questo si poteva fare con calma, in maniera scientifica e precisa, con una mezza dozzina di cariche legate in modo che esplodessero insieme, oppure il lavoro si poteva anche fare grossolanamente con due sole grosse cariche. Due cariche grossissime, una per ogni estremità del ponte, che esplodessero insieme. Robert Jordan disegnava svelto e contento, contento che il lavoro cominciasse finalmente davvero. Poi chiuse il taccuino, infilò la matita nel suo fodero, lungo la copertina, rimise a posto il taccuino e abbottonò la tasca.

Mentre Robert Jordan disegnava, Anselmo aveva esaminato a sua volta la strada, il ponte e i casotti. A parer suo era pericoloso stare così vicini al ponte; respirò quando infine Jordan chiuse il taccuino.

Quando Jordan ebbe abbottonato la tasca e si fu buttato lungo disteso a terra dietro quel tronco, gli posò la mano sul gomito, accennando col dito.

*1. garitta*: postazione chiusa nella quale si trova una sentinella.
*2. si librava*: si ergeva.

Nella garitta proprio di fronte a loro, sulla strada, era seduta la sentinella, tenendo fra le ginocchia il fucile con la baionetta inastata[3]. Fumava una sigaretta, portava un berretto a maglia e un largo mantello di panno. Da così lontano non si distingueva il suo viso. Robert Jordan si avvicinò il binocolo agli occhi ombreggiando accuratamente con le mani le lenti, quantunque il sole non brillasse più e il luccichio dei cristalli non potesse tradirlo; e a un tratto la ringhiera del ponte fu delineata così nettamente da pensare di poterla toccare allungando la mano, e il viso della sentinella apparve così chiaro che si distinguevano le guance infossate, la cenere della sigaretta e il luccichio grasso della baionetta. Era una faccia di contadino, le guance cave sotto gli zigomi alti, la barba lunga, gli occhi ombreggiati da spesse sopracciglia, mani grosse che reggevano il fucile, stivali pesanti che sbucavano sotto il mantello di panno. Sulla parete della garitta era appesa una borraccia di cuoio logora, annerita; si vedevano alcuni giornali e non c'era traccia di telefono. Il telefono poteva anche essere appeso all'altra parete che Jordan non vedeva, ma non si vedevano nemmeno i fili che avrebbero dovuto uscire dalla garitta. Lungo la strada correvano dei pali telefonici e i fili passavano sul ponte. Davanti alla garitta era posato, su due pietre, un fornello a carbone, costruito con una vecchia latta di benzina a cui era stato tolto il coperchio ed erano stati praticati dei fori. Ma era del tutto spento. Nella cenere, sotto il fornello, si vedevano alcune scatole di conserva vuote, annerite dal fuoco.

Robert Jordan tese il binocolo ad Anselmo che era steso accanto a lui. Il vecchio crollò[4] il capo sorridendo e si pocchiò[5] col dito sulla tempia. – *Ya lo veo* – disse. – L'ho visto. – Parlava tra i denti, quasi senza muovere le labbra, con una voce più bassa di un sussurro. Mentre Robert Jordan gli restituiva il sorriso, il vecchio accennò con un dito alla sentinella e se ne passò un altro trasversalmente sulla gola. Robert Jordan annuì, questa volta senza sorridere.

Il casotto della sentinella, all'altro capo del ponte, voltava loro le spalle e Jordan e Anselmo non potevano guardar dentro. Larga, asfaltata e solidamente costruita, la strada all'altra estremità del ponte svoltava a sinistra per poi sparire in una curva a destra. In quel punto, per portare la strada alla sua larghezza attuale, avevano dovuto tagliare nella roccia viva, e il suo ciglio occidentale, che era a sinistra guardando dal valico e dal ponte, era contrassegnato e difeso da un'alta fila di blocchi di granito rozzamente squadrati là dove precipitava brusco nella gola. Nel punto dove il ruscello sul quale s'inarcava il ponte sfociava nelle acque principali del valico, la gola sembrava quasi un *cañon*[6].

3. ***inastata***: inserita sulla parte finale della canna del fucile.
4. ***crollò***: scosse.
5. ***si pocchiò***: tamburellò, picchiettò con le dita.
6. ***cañon***: gola profonda e stretta.

– E l'altro posto di guardia? – chiese Robert Jordan ad Anselmo.

– È a cinquecento metri sotto quella svolta, nel casotto del cantoniere, incastrato nella roccia.

– Quanti uomini?

Robert Jordan stava nuovamente esaminando la sentinella col suo binocolo. La sentinella schiacciò la sigaretta contro la parete di tavole della garitta, si tolse una borsa di tabacco in pelle dalla tasca, svolse la cartina della sigaretta spenta e fece cadere il residuo di tabacco inutilizzato nella borsa. Poi si alzò, appoggiò il fucile alla parete della garitta e si stirò; infine prese il fucile, lo mise in spalla e si diresse verso il ponte. Mentre Anselmo si appiattiva completamente a terra, Robert Jordan si ficcò il binocolo nella tasca della camicia e nascose con cura la testa dietro il tronco del pino.

– Sono in sette uomini e un caporale – Anselmo disse, quasi nel suo orecchio. – L'ho chiesto allo zingaro.

– Appena quello lì si fermerà, ce ne andremo – disse Robert Jordan. – Siamo troppo vicini.

– Hai visto quello che ti occorre?

– Sì. Tutto quello che mi occorre.

Tramontato il sole, l'aria ora si andava rinfrescando rapidamente e la luce si affievoliva via via che si attenuava il flusso degli ultimi raggi solari sulle montagne dietro di loro.

– Come la vedi, la faccenda? – Anselmo chiese piano, mentre guardavano la sentinella attraversare il ponte diretta all'altra garitta. La baionetta luccicava nel crepuscolo[7], la figura era deformata dal mantello di panno.

– Bene – Robert Jordan disse. – Molto, molto bene.

– Mi fa piacere – disse Anselmo. – Andiamo? Ora non c'è più pericolo che ci veda.

La sentinella, all'altra estremità del ponte, voltava loro le spalle. Dalla gola saliva lo scroscio dell'acqua fra i massi. A un tratto a questo rumore se ne mescolò un altro: un ronzio regolare, forte. I due uomini videro la sentinella alzare il capo spingendosi sulla nuca il berretto a maglia, e guardando in su a loro volta videro, alti nel cielo della sera, tre monoplani[8] in formazione a V minuscoli, argentei, a quella grande altezza dove ancora il sole brillava, attraversavano con incredibile velocità il cielo, mentre il rombo dei motori cresceva.

– Sono i nostri? – chiese Anselmo.

– Direi – risposte Robert Jordan, pur sapendo che a un'altezza simile non si può mai giudicare con certezza. Poteva essere una pattuglia serale dell'una o dell'altra parte. Ma quando si tratta di

*7. crepuscolo*: tramonto.
*8. monoplani*: aerei per un solo passeggero, ossia il pilota.

caccia si dice sempre che sono i nostri per tranquillizzare chi ascolta. Per i bombardieri è diverso.

Anselmo la pensava certo anche lui in quel modo. – Sono i nostri – disse. – Li riconosco: sono *Moscas*[9].

– Bene – disse Robert Jordan. – Sembrano anche a me dei *Moscas*.

– Sono *Moscas* – disse Anselmo.

Robert Jordan avrebbe potuto prendere il binocolo e togliersi subito il dubbio, ma preferì non farlo. Quella sera gli era perfettamente indifferente di chi fossero quei caccia, e se al vecchio piaceva considerarli amici, perché levargli l'illusione? Scomparvero ora verso Segovia[10], non somigliavano più affatto alla variante russa del "Boeing P 32", verde, orlata di rosso alle ali, che gli spagnuoli chiamavano *Mosca*. I colori non si distinguevano ma la forma era diversa. No: era certo una squadriglia fascista che rincasava.

La sentinella era sempre vicina all'altra garitta, con le spalle voltate.

– Andiamo – disse Robert Jordan. Cominciò a risalire il monte cautamente, sfruttando ogni possibilità di protezione, finché non furono più in vista. Anselmo lo seguiva a una distanza di un centinaio di metri. Quando non fu più possibile vederli dal ponte, Robert Jordan si fermò, e il vecchio lo raggiunse, si mise in testa e continuò al buio, col suo passo regolare, la dura salita del versante.

– Abbiamo un'aviazione formidabile – disse soddisfatto Anselmo.

– Sì.

– E vinceremo.

– Dobbiamo vincere.

– Sì. E quando avremo vinto, tu devi venire a caccia.

– A caccia di che cosa?

– Cinghiali, orsi, lupi, stambecchi…

– Ti piace andare a caccia?

– Sì, *hombre*[11]. Più di qualunque cosa. Nel mio villaggio siamo tutti cacciatori. E a te piace la caccia?

– No – disse Robert Jordan. – Non ammazzo volentieri gli animali.

– Per me è il contrario – disse il vecchio. – Io non ammazzo volentieri gli uomini.

da E. Hemingway, *Per chi suona la campana*,
A. Mondadori, Milano 1996

***9. Moscas***: è l'appellativo con cui vengono chiamati, dalle forze repubblicane spagnole, gli aerei mandati in aiuto da parte della Russia.
***10. Segovia***: città della Spagna centro-settentrionale.
***11. hombre***: termine spagnolo il cui significato letterale è "uomo".

COMPRENSIONE

1. **In quale ambiente naturale si colloca la situazione?**

..........................................................................................................

.......................................................................................................... PUNTI ....... /1

2. **In quale momento della giornata si colloca l'episodio?**

..........................................................................................................

.......................................................................................................... PUNTI ....... /1

3. **Per quanto riguarda la sorveglianza del ponte, il testo racconta che:**
   - ☐ il ponte non era custodito.
   - ☐ il ponte era custodito in ogni parte da numerosi soldati.
   - ☐ il ponte era custodito da due soldati posti alle sue estremità. PUNTI ....... /1

4. **Per progettare meglio l'attentato, Robert Jordan:**
   - ☐ esegue dei rapidi disegni del ponte e del luogo.
   - ☐ scatta fotografie da notevole distanza.
   - ☐ chiede informazioni al suo compagno. PUNTI ....... /1

5. **Circa gli aerei comparsi improvvisamente, Robert Jordan:**
   - ☐ è certo che si tratti di una pattuglia amica.
   - ☐ ne tace l'appartenenza ad Anselmo.
   - ☐ ordina ad Anselmo di nascondersi dato che si tratta di una squadriglia nemica. PUNTI ....... /1

ANALISI

6. **Quale dei seguenti elementi, a tuo parere, consente a Robert Jordan di considerare un problema "non arduo" la distruzione del ponte?**
   - ☐ Il ponte si trova su una gola.
   - ☐ Il ponte è fatto d'acciaio.
   - ☐ Possono bastare anche solo due cariche di esplosivo. PUNTI ....... /1

7. **Considera il testo da *Tutto questo si poteva fare con calma…* fino a… *quando infine Jordan chiuse il taccuino* (secondo capoverso). Individua e trascrivi una frase da cui si possa capire che Jordan, rispetto ad Anselmo, è un uomo d'azione, pronto a eseguire le imprese che gli vengono affidate.**

..........................................................................................................

.......................................................................................................... PUNTI ....... /1

8. **Rileggi il testo e individua un'espressione dalla quale sia possibile notare la prudenza con cui Jordan e il suo compagno si muovono e si parlano.**

........................................................................................................ PUNTI ...... /1

9. **La vista degli aerei:**
   - ▢ impensierisce Anselmo circa le sorti del conflitto.
   - ▢ dà fiducia ad Anselmo circa la vittoria finale.
   - ▢ induce Anselmo a una fuga precipitosa. PUNTI ...... /1

10. **A proposito delle sentinelle del ponte:**
    - ▢ l'autore ne descrive la posizione e i movimenti.
    - ▢ l'autore le nomina in modo occasionale e assai vago.
    - ▢ l'autore ne fa capire gli stati d'animo e i pensieri. PUNTI ...... /1

11. **Rileggi la frase conclusiva pronunciata dal vecchio Anselmo e scegli, fra le seguenti, l'interpretazione che ti pare più precisa.**
    - ▢ È più facile uccidere gli animali che gli uomini.
    - ▢ Uccidere gli uomini è cosa ben peggiore che uccidere un animale.
    - ▢ Uccidere uomini e animali rappresenta comunque una forma di crimine contro la natura.

PUNTI ...... /1

## LESSICO

12. **Il verbo *si librava*, usato dall'autore per descrivere il ponte, sottolinea il fatto che la costruzione:**
    - ▢ ha un profilo massiccio e pesante.
    - ▢ ha una struttura non del tutto stabile.
    - ▢ ha un'architettura armoniosa e aerea. PUNTI ...... /1

13. **Indica quale, fra i seguenti termini, è sinonimo del sostantivo *valico*.**
    ▢ Alpeggio. ▢ Passo. ▢ Sentiero. PUNTI ...... /1

14. **Indica a quali dei seguenti sostantivi si può riferire l'aggettivo qualificativo *arduo*.**
    ▢ Compito. ▢ Vestito. ▢ Evento. ▢ Viaggio. ▢ Edificio. PUNTI ...... /5

15. **Se un lavoro viene eseguito *grossolanamente*, significa che:**
    - ▢ è stato svolto da poche persone.
    - ▢ è stato svolto in modo approssimativo.
    - ▢ è stato svolto con notevole precisione. PUNTI ...... /1

16. ***Passare un dito trasversalmente sulla gola* è un'espressione, oltre che un gesto, che rivela un'intenzione:**
    ▢ amichevole. ▢ minacciosa. ▢ poco chiara. PUNTI ...... /1

## CONOSCENZE

### GENERE

**17. In questo brano specifico, è possibile capire che Hemingway:**
- ▢ parteggia per Jordan e per il vecchio Anselmo.
- ▢ parteggia per le sentinelle.
- ▢ non esprime, in questa parte, un preciso orientamento politico. **PUNTI** ...... **/1**

**18. La lettura del brano ti permette di capire che alcune situazioni di un romanzo storico possono riprendere e riutilizzare elementi propri del genere:**
▢ avventuroso. ▢ poetico. ▢ fantascientifico. **PUNTI** ...... **/1**

**19. L'asprezza dell'ambiente naturale scelto da Hemingway:**
- ▢ non ha relazione con quanto avviene nel testo e ne rappresenta solo la necessaria cornice naturale.
- ▢ viene sottolineata per conferire maggiore drammaticità alla situazione e ne accentua la tensione.
- ▢ è una descrizione obiettiva di un preciso e riconoscibile luogo della Spagna. **PUNTI** ...... **/1**

**20. Indica se le affermazioni sono vere o false; correggi quelle false.**

| | V | F |
|---|---|---|
| **a.** Il romanzo storico compare nel '900. ........................ | ▢ | ▢ |
| **b.** Nasce dall'esigenza di ravvivare l'attenzione per la storia. ........................ | ▢ | ▢ |
| **c.** I suoi personaggi sono esclusivamente figure storiche. ........................ | ▢ | ▢ |
| **d.** Sono presentati in modo dettagliato. ........................ | ▢ | ▢ |
| **e.** In Italia questo genere nasce con Emilio Lussu. ........................ | ▢ | ▢ |
| **f.** Fa riferimento spesso a materiale di documentazione, utilizzato per la ricostruzione storica. ........................ | ▢ | ▢ |
| **g.** I fatti narrati riguardano precise epoche storiche. ........................ | ▢ | ▢ |
| **h.** L'autore interviene nel testo per rendere esplicito il suo messaggio. ........................ | ▢ | ▢ |

**PUNTI** ...... **/11**

## Valuta i Risultati

- **Ho trovato difficoltà nella lettura del testo:**
  ▢ sì. ▢ no.
- **Le difficoltà si riferiscono:**
  ▢ alla comprensione dei fatti. ▢ alla comprensione del messaggio.
  ▢ alla comprensione del lessico. ▢ alla conoscenza del genere.
- **Ho trovato difficoltà nella comprensione delle consegne degli esercizi:**
  ▢ sì. ▢ no.
- **Le difficoltà si riferiscono:**
  ▢ alla comprensione dei termini. ▢ alla comprensione del lavoro da svolgere.
- **Ritengo complessivamente la mia prova:**
  ▢ positiva. ▢ buona. ▢ accettabile. ▢ incerta. ▢ scadente.

### VALUTAZIONE

**Totale punti** ........ **/ 34** **Percentuale** ........ **/ 100**

VERIFICA SOMMATIVA 4

U4
Il romanzo di formazione

Cognome

Nome

Classe

Data

**Abilità e Conoscenze**

- Individuare nel testo gli elementi caratteristici del genere
- Analizzare le relazioni
- Conoscere le caratteristiche del romanzo di formazione

# Daria

*Per il protagonista di questo racconto la prima esperienza amorosa coincide con un rifiuto sprezzante da parte della persona amata.*

Il primo giorno, durante la prova d'italiano scritto, Goffredo fu disturbato dalla presenza di Daria, una ragazza seduta tre banchi davanti a lui. Goffredo veniva da una lontana provincia, e aveva studiato in collegio da privatista, perciò non era abituato alla presenza di ragazze in classe. Questa, però, era una spiegazione generica, e in definitiva tutt'altro che esatta: di ragazze che facevano gli esami ce n'erano parecchie, ma Daria era l'unica che lo disturbasse. Aveva una coda di cavallo bionda, arrogantemente fuori moda, che certo portava per far apparire più lungo il suo collo che in realtà era molto lungo, senonché la bocca era troppo larga, e caricata di rossetto in modo da farla apparire ancora più larga.

Doveva essere, in sostanza, una ragazza non priva di contrasti.

Naturalmente, il primo giorno, Goffredo non sapeva neppure che si chiamasse Daria. Lo seppe il giorno dopo, alla prova di versione dal latino, perché stette attento all'appello: Daria Marini. Probabilmente non era molto brava in latino. Si voltava continuamente a sollecitare suggerimenti dai compagni, finché uno non le rispose a voce abbastanza alta: – Smettila, non seccare.

E lei di rimando, a voce ancora più alta: – Scemo! – Goffredo fu molto sconcertato da quella parola. Forse aveva attribuito a quella ragazza delle qualità che essa non aveva. Ma poi la sentì tirar su col naso due o tre volte, e la vide anche asciugarsi gli occhi, e allora fu pronto a perdonarla, anzi con maggior convinzione di prima pensò che era una ragazza meravigliosa, anche se sapeva poco di latino. Lui invece era bravo in latino, come pure nelle altre materie, del resto. Ricopiò su di un foglietto di carta la versione che aveva già fatta, e il foglietto viaggiò nascostamente da una mano all'altra, fino a raggiungere Daria.

Dopo neanche mezz'ora, essa si alzò, consegnò il compito e uscì. Goffredo invece faticò per modificare qua e là la versione, in modo che gli esaminatori non si accorgessero che tra la sua e quella di Daria esisteva una stretta somiglianza. Uscì che erano quasi le due, e quando vide che lei stava fuori ad aspettarlo, ne provò una grande confusione. [...]

Qualche giorno dopo un cameriere in giubba bianca con spalline di cordone dorato condusse Goffredo in un salotto semibuio, dove una canzone sommessa, cantata in inglese, pareva provenire da ogni parte. Daria stava distesa su di un divano, col terzo volume di storia chiuso in grembo. Aveva un vestito bianco, e il viso, le gambe, le braccia, erano macchie scure. Goffredo notò con spavento e sofferenza che le gambe erano molto scoperte, molto al disopra del ginocchio, e che lei non si curava per niente di coprirle. – Mi trovi abbastanza abbronzata? – gli disse.

Goffredo le rispose di sì, per quanto ci si vedesse poco a causa del buio. Daria ad ogni modo fu molto contenta della sua risposta e lo fece sedere sul divano, vicino a lei. Gli disse che per lei era molto importante essere promossa alla maturità, perché se non la bocciavano, suo padre l'avrebbe mandata a fare un corso biennale d'inglese, a Londra, ma naturalmente il corso biennale era una scusa, lei voleva andare a Londra perché pensava che si sarebbe divertita. Poi gli domandò: – Hai sofferto in questi giorni? – Goffredo ebbe di colpo l'impressione che lei lo avesse spogliato, si sentì anima e corpo esposto a lei senza difesa. Tuttavia, annaspando tra orgoglio e vergogna, riuscì a rispondere:

– No. Perché avrei dovuto soffrire? – Lei gli prese la mano. – Mi piaci perché sei diverso dagli altri. Gli altri s'innamorano subito e diventano insopportabili. Promettimi che non t'innamorerai di me.

– Te lo prometto.

– Bene – lei disse. Gli lasciò la mano e premette un pulsante, accendendo una lampadina su di un tavolino lì accanto. – Ora aiutami a ripassare la Rivoluzione francese.

Studiarono la Rivoluzione francese, poi i metalli conduttori, poi tre odi di Orazio. Daria era sicura che l'avrebbero interrogata sulle poche cose che studiava, e nemmeno si curava di studiarle bene. D'altra parte, neppure Goffredo riusciva a concentrarsi, un po' perché c'era Daria con la sua coda di cavallo e la grande bocca e le gambe che non si curava di coprire, e un po', anche, a causa di quelle canzoni inglesi che si susseguivano l'una all'altra, sempre cantate dalla stessa voce.

Quando furono le cinque, essa disse che si era stufata di studiare là dentro e propose di andare a studiare al Pincio. Portarono un bel pacco di libri, ma al Pincio c'erano troppe distrazioni, non studiarono per nulla. In compenso, Daria ebbe tempo di mangiarsi quattro gelati. Goffredo li pagò, e poi la sera mangiò soltanto pane e latte, e così pure il giorno dopo a mezzogiorno.

Alla fine della settimana di preparazione agli orali Goffredo era molto debole, sia perché si nutriva insufficientemente, sia perché dormiva male e faceva sogni che lo turbavano. Sognava insieme di Daria e di roba da mangiare, e nei sogni diventava sempre molto ricco e andava dal padre di lei per dirgli: – Signore, sono l'uomo più ricco della terra: mi concede la mano di sua figlia? [...]

Il giorno dei risultati degli esami, l'aspettò per tre ore, ed era già buio quando lei arrivò con una grande macchina scoperta, piena di ragazzi e ragazze. La deposero davanti a casa. Era molto bella, con tutta la carne scura di sole, e la coda di cavallo più bionda di prima. – Ah, ciao – disse scorgendolo sul portone.

A lui bastò sentire il tono di voce per capire che aveva sbagliato. Ora avrebbe pagato qualsiasi cosa pur di non trovarsi lì, in quella condizione, ma ormai c'era, inevitabilmente. – Sei stata promossa – le disse.

Lei alzò le spalle, come se la cosa non fosse gran che importante, e si dondolava da un piede all'altro, con la borsa da mare in mano, impaziente di andarsene.

– Parto stasera – egli disse ancora. Cominciava a sentirsi ridicolo e vano, e come obbligato in un certo senso a compiere azioni che andavano bene per un personaggio da romanzo, non per lui.

– Pensavo che fossi già partito – lei disse. – Vuoi qualche cosa?

Prima ancora di pensare a ciò che stava facendo, egli le afferrò un braccio e glielo strinse da farle male. E lei fu immediatamente carica di rabbia e di odio.

– Lasciami, che ti prende?

– Perché sei così? Non eri così, la settimana scorsa. Potrei riempirti di schiaffi.

Lei si mise a ridere. – Cosa credi, di essere diventato il mio padrone, perché mi sono fatta baciare? Sai quanti padroni dovrei avere a quest'ora? – Egli perdette di colpo vigore e volontà, le lasciò il braccio e stette a guardarla mentre, simile ad una giovane dea sdegnata ed offesa, se ne andava verso l'ascensore. Era sempre bella, ma ormai lontana, in un luogo dove non sarebbe stato possibile che gli facesse più male di quanto gliene aveva già fatto. Si mosse solo dopo che lei fu sparita, si avviò verso la pensione per prendersi la valigia. Nonostante la debolezza, sarebbe andato a piedi fino alla stazione, perché, se gli fosse avanzato qualche soldo dopo aver comprato il biglietto, si sarebbe volentieri comprato un panino. Era un po' buffa, questa condizione, si accorgeva egli stesso della sua stranezza, pur essendo come un albero colpito dall'uragano, con troppi rami spezzati. Naturalmente la stranezza riguardava non solo la fame, ma anche la bocciatura, e il resto. Soprattutto il resto. Santo cielo, si chiedeva camminando, che sia proprio questo, l'amore?

adattato da G. Berto, *È forse amore*,
Rusconi, Milano 1975

## ABILITÀ

### COMPRENSIONE

**1. Indica se le affermazioni sono vere (V) o false (F).**

| | | V | F |
|---|---|---|---|
| **a.** | Goffredo è abituato alla presenza di ragazze in classe. | ▢ | ▢ |
| **b.** | Daria è l'unica ragazza a sostenere gli esami. | ▢ | ▢ |
| **c.** | Daria è una ragazza piena di contrasti. | ▢ | ▢ |
| **d.** | Durante la prima prova di latino, Daria si volta continuamente per ricevere suggerimenti. | ▢ | ▢ |
| **e.** | Goffredo aiuta Daria, passandole la versione di latino. | ▢ | ▢ |
| **f.** | All'uscita dall'aula, Goffredo spiega a Daria perché le ha passato la copia. | ▢ | ▢ |
| **g.** | I due ragazzi, quando iniziano a studiare per l'orale, sono concentrati su quello che devono fare. | ▢ | ▢ |
| **h.** | Goffredo, prima di partire, aspetta Daria davanti al portone di casa sua. | ▢ | ▢ |
| **i.** | Dopo l'incontro con Daria, Goffredo si avvia subito alla stazione per prendere il treno. | ▢ | ▢ |
| **l.** | Goffredo guarda la ragazza andar via e sente che non potrà più fargli male. | ▢ | ▢ |

PUNTI ........ /10

**2. Rispondi alle domande scegliendo la risposta corretta.**

**a.** In quale circostanza Goffredo conosce Daria?
- ▢ Durante la preparazione orale per gli esami di maturità.
- ▢ Durante le prove scritte per gli esami di maturità.
- ▢ Durante una passeggiata.

**b.** In che modo Goffredo aiuta Daria per la versione di latino?
- ▢ Le ricopia su un foglio il compito già fatto.
- ▢ Le passa il compito già fatto.
- ▢ Le suggerisce la versione.

**c.** Che cosa pensa Goffredo nel momento in cui lascia andar via definitivamente la ragazza?
- ▢ Che è innamorato di lei.
- ▢ Che lei aveva tradito il suo amore.
- ▢ Che lei non può fargli più male di quanto gliene abbia già fatto.

PUNTI ........ /3

**3. Sottolinea, tra quelli proposti, i comportamenti di Daria riguardo allo studio.**

**a.** Daria ama poco studiare, vuole solo divertirsi. / Daria ama molto lo studio, rispetto a tutte le altre cose.

**b.** Daria è puntuale agli appuntamenti quando deve studiare. / Daria non è puntuale agli appuntamenti quando deve studiare.

**c.** Daria trascura di approfondire gli argomenti. / Daria approfondisce tutti gli argomenti.

**d.** Daria ama studiare a lungo e non fare pause. / Daria non ama studiare a lungo e vuole fare continuamente delle pause.

PUNTI ........ /4

ANALISI

**4. Indica la risposta o il completamento corretto.**

**a.** Perché, quando Daria gli chiede se ha sofferto durante i giorni in cui non si sono visti, Goffredo dice di no?
- ▢ Perché si sente spogliato nei sentimenti, quindi indifeso.
- ▢ Perché è la verità.
- ▢ Perché vuole conquistarla attraverso il falso disinteresse mostrato nei suoi confronti.

**b.** Come sembra Goffredo di fronte alla libertà dei modi e degli atteggiamenti di Daria?
- ▢ Goffo e impacciato, incapace di comunicare i propri sentimenti.
- ▢ Goffo e impacciato, ma capace di comunicare i propri sentimenti.
- ▢ Indifferente.

**c.** Prima di andare via, Goffredo vuole rivedere Daria. Com'è il loro ultimo incontro?
- ▢ Bello ma deludente.
- ▢ Indifferente.
- ▢ Drammatico e deludente.

**d.** In questa vicenda, Goffredo ha a che fare con due riti di iniziazione. Quali?
- ▢ Il primo amore e la prova della fame.
- ▢ Gli esami di maturità e il primo amore.
- ▢ Gli esami di maturità e le difficoltà relative alla differenza sociale con la ragazza.

**e.** La voce narrante in questo brano è:
- ▢ esterna alle vicende, ma molte volte assume il punto di vista di Goffredo.
- ▢ esterna alle vicende, senza mai assumere il punto di vista di uno dei due protagonisti.
- ▢ interna alle vicende, è infatti Goffredo che narra la propria esperienza.

**f.** "Sei stato tu a passarmi la versione? - Sì. - Perché l'hai fatto?" - è un esempio di:
▢ discorso indiretto. ▢ discorso diretto. ▢ discorso indiretto libero. PUNTI ........ /6

LESSICO

**5. Abbina il significato dei vocaboli o delle espressioni, tratti dal testo, scegliendo tra quelli proposti.**

| | | |
|---|---|---|
| **a.** *Arrogantemente*: | ▢ con presunzione. | ▢ con devozione. |
| **b.** *Presumibilmente*: | ▢ con ogni probabilità. | ▢ con certezza. |
| **c.** *Riflessivo*: | ▢ che è istintivo. | ▢ che medita. |
| **d.** *Miseramente*: | ▢ in modo avaro. | ▢ in modo compassionevole. |
| **e.** *Dignitose*: | ▢ degne di essere rispettate. | ▢ degne di essere sottovalutate. |
| **f.** *Annaspando*: | ▢ parlando in modo composto. | ▢ dibattendosi. |
| **g.** *Presentimenti*: | ▢ sensazioni su avvenimenti futuri. | ▢ sensazioni su avvenimenti presenti. |
| **h.** *Vano*: | ▢ privo di lucidità. | ▢ privo di realtà. |

PUNTI ........ /8

6. ***Goffredo ebbe di colpo l'impressione che lei lo avesse spogliato, si sentì anima e corpo esposto a lei senza difesa*. Qual è il significato di questa espressione?**
- ▢ Daria aveva capito che Goffredo si era innamorato di lei.
- ▢ Daria si stava beffando di Goffredo.
- ▢ Daria stava usando Goffredo per i suoi scopi.

PUNTI ...... /1

## CONOSCENZE

### GENERE

7. **Indica il completamento adatto.**
   - **a.** Per romanzo di formazione si intende:
     - ▢ un romanzo in cui il giovane protagonista sa già come affrontare la vita.
     - ▢ un romanzo in cui vi sia la presenza di un giovane protagonista.
     - ▢ un romanzo in cui il giovane protagonista impara ad affrontare la vita dalle diverse esperienze vissute.
   - **b.** I personaggi, nel romanzo di formazione, vengono descritti principalmente badando alla loro evoluzione:
     - ▢ sociale.
     - ▢ psicologica.
     - ▢ fisica.
   - **c.** La realtà vissuta dai protagonisti del romanzo di formazione ritrae:
     - ▢ problematiche relative al mondo fantastico che si crea attorno a loro.
     - ▢ problematiche relative a eventi eccezionali della loro esistenza.
     - ▢ problematiche relative al loro vivere quotidiano.
   - **d.** I personaggi del romanzo di formazione appartengono perlopiù alla realtà:
     - ▢ borghese.
     - ▢ aristocratica.
     - ▢ popolare.
   - **e.** Il protagonista del romanzo di formazione rivela un particolare aspetto della condizione giovanile:
     - ▢ il suo rapporto conflittuale con i coetanei.
     - ▢ il suo rapporto conflittuale con la società.
     - ▢ il suo rapporto conflittuale con le ragazze.

**f.** La trama, nel romanzo di formazione, si basa soprattutto:
- ☐ sui fatti e su come questi ultimi condizionino la vita del protagonista.
- ☐ sulla vita del protagonista e su come quest'ultima condizioni i fatti.
- ☐ sui fatti e su come questi ultimi condizionino il rapporto tra tutti i personaggi del romanzo.

**g.** Il giovane protagonista del romanzo di formazione vede la realtà esterna:
- ☐ piena di regole condivisibili.
- ☐ piena di regole non condivisibili.
- ☐ senza regole.

**h.** Il protagonista, alla fine del suo percorso di crescita, trova generalmente un equilibrio tra:
- ☐ le esigenze del padre e quelle della madre.
- ☐ le esigenze individuali e quelle della società.
- ☐ le esigenze spirituali e quelle materiali.

**i.** La contraddittorietà nel rapporto con gli adulti nasce, nei giovani, dal fatto che:
- ☐ da un lato essi tendono a rifiutarlo, dall'altro sono un punto di riferimento.
- ☐ da un lato essi tendono a rifiutarlo, dall'altro lo sopportano.
- ☐ da un lato essi tendono a sopportarlo, dall'altro lo sottovalutano.

PUNTI ........ /9

**8. Dai una definizione del romanzo di formazione utilizzando le espressioni e i vocaboli dati (2 punti per ogni espressione o vocabolo correttamente utilizzati).**

..........................................................................................

..........................................................................................

..........................................................................................

..........................................................................................

..........................................................................................

..........................................................................................

..........................................................................................

..........................................................................................

..........................................................................................

..........................................................................................

..........................................................................................

Adolescente - rapporto conflittuale - contrasto - trama - luoghi rappresentati - equilibrio - nuove tecniche linguistiche e stilistiche - cambiamento - carattere - evoluzione psicologica

PUNTI ........ /20

## VALUTA I RISULTATI

- **Ho trovato difficoltà nella lettura del testo:**
  ▢ sì. ▢ no.
- **Le difficoltà si riferiscono:**
  ▢ alla comprensione dei fatti. ▢ alla comprensione del messaggio.
  ▢ alla comprensione del lessico. ▢ alla conoscenza del genere.
- **Ho trovato difficoltà nella comprensione delle consegne degli esercizi:**
  ▢ sì. ▢ no.
- **Le difficoltà si riferiscono:**
  ▢ alla comprensione dei termini. ▢ alla comprensione del lavoro da svolgere.
- **Ritengo complessivamente la mia prova:**
  ▢ positiva. ▢ buona. ▢ accettabile. ▢ incerta. ▢ scadente.

VALUTAZIONE

**Totale punti** ........... **/ 61** **Percentuale** ........... **/ 100**

Cognome

Nome

Classe

Data

**Abilità e Conoscenze**

- Individuare gli elementi del genere novella
- Comprendere i comportamenti dei personaggi
- Interpretare idee e opinioni espresse

# La patente

Per la prima volta, da circa una settimana, dormiva un incartamento sul tavolino del giudice D'Andrea. E per quel processo che stava lì da tanti giorni in attesa, egli era in preda a un'irritazione smaniosa, a una tetraggine[1] soffocante.

Era veramente iniquo quel processo là: iniquo perché includeva una spietata ingiustizia contro alla quale un pover uomo tentava disperatamente di ribellarsi senza alcuna probabilità di scampo. C'era in quel processo una vittima che non poteva prendersela con nessuno. Aveva voluto prendersela con due, lì in quel processo, coi primi due che gli erano capitati sotto mano, e – sissignori – la giustizia doveva dargli torto, torto, torto, senza remissione[2], ribadendo così, ferocemente, l'iniquità di cui quel pover uomo era vittima.

A passeggio, tentava di parlarne coi colleghi; ma questi, appena egli faceva il nome del Chiàrchiaro, cioè di colui che aveva intentato il processo, si alteravano in viso e si ficcavano subito una mano in tasca a stringervi una chiave, o sotto sotto allungavano l'indice e il mignolo a far le corna, o s'afferravano sul panciotto i gobbetti d'argento, i chiodi, i corni di corallo pendenti dalla catena dell'orologio. Qualcuno, più francamente, prorompeva[3]:

– Per la Madonna Santissima, ti vuoi star zitto?

Ma non poteva starsi zitto il magro giudice D'Andrea. Se n'era fatta proprio una fissazione, di quel processo. Gira gira, ricascava per forza a parlarne. Per avere un qualche lume dai colleghi – diceva – per discutere così in astratto il caso.

Perché, in verità, era un caso insolito e speciosissimo[4] quello d'un jettatore che si querelava per diffamazione contro i primi due che gli erano caduti sotto gli occhi nell'atto di far gli scongiuri di rito al suo passaggio.

Diffamazione? Ma che diffamazione, povero disgraziato, se già da qualche anno era diffusissima in tutto il paese la sua fama di jettatore? Se innumerevoli testimoni potevano venire in tribunale a giurare che egli in tante e tante occasioni aveva dato segno di conoscere quella sua fama, ribellandosi con proteste violente? Come condannare, in coscienza, quei due giovanotti quali diffamatori per aver fatto al passaggio di lui il gesto che da tempo solevano fare apertamente tutti gli altri, e primi fra tutti – eccoli là – gli stessi giudici?

Orbene[5], proprio per non dare al paese lo spettacolo di quella "magnifica festa" alle spalle d'un povero disgraziato, il giudice

1. ***tetraggine***: preoccupazione, malumore.
2. ***senza remissione***: senza pietà.
3. ***prorompeva***: gridava.
4. ***speciosissimo***: del tutto speciale, particolare.
5. ***orbene***: dunque.

D'Andrea prese alla fine la risoluzione di mandare un usciere in casa del Chiàrchiaro per invitarlo a venire all'ufficio d'Istruzione. Anche a costo di pagar lui le spese, voleva indurlo a desistere dalla querela, dimostrandogli quattro e quattr'otto che quei due giovanotti non potevano essere condannati, secondo giustizia, e che dalla loro assoluzione inevitabile sarebbe venuto a lui certamente maggior danno, una più crudele persecuzione.

Ahimè, è proprio vero che è molto più facile fare il male che il bene, non solo perché il male si può fare a tutti e il bene solo a quelli che ne hanno bisogno; ma anche, anzi soprattutto, perché questo bisogno d'aver fatto il bene rende spesso così acerbi[6] e irti gli animi di coloro che si vorrebbero beneficare, che il beneficio diventa difficilissimo.

Se n'accorse bene quella volta il giudice D'Andrea, appena alzò gli occhi a guardare il Chiàrchiaro, che gli era entrato nella stanza, mentr'egli era intento a scrivere. Ebbe uno scatto violentissimo e buttò all'aria le carte, balzando in piedi e gridandogli:

– Ma fatemi il piacere! Che storie son queste? Vergognatevi!

Il Chiàrchiaro s'era combinata una faccia da jettatore, ch'era una meraviglia a vedere. S'era lasciata crescere su le cave gote[7] gialle una barbaccia ispida e cespugliuta; s'era insellato sul naso un paio di grossi occhiali cerchiati d'osso, che gli davano l'aspetto d'un barbagianni; aveva poi indossato un abito lustro[8], sorcigno[9], che gli sgonfiava da tutte le parti.

Allo scatto del giudice non si scompose. Dilatò le narici, digrignò i denti gialli e disse sottovoce:

– Lei dunque non ci crede?

– Ma fatemi il piacere! – ripeté il giudice D'Andrea. – Non facciamo scherzi, caro Chiàrchiaro! O siete impazzito? Via, via, sedete, sedete qua.

E gli s'accostò e fece per posargli una mano su la spalla. Subito il Chiàrchiaro sfagliò[10] come un mulo, fremendo:

– Signor giudice, non mi tocchi! Se ne guardi bene! O lei, com'è vero Dio, diventa cieco!

Il D'Andrea stette a guardarlo freddamente, poi disse:

– Quando sarete comodo... Vi ho mandato a chiamare per il vostro bene. Là c'è una sedia, sedete.

– Per il mio bene? Ah, lei si figura[11] di fare il mio bene, signor giudice dicendo di non credere alla jettatura?

Il D'Andrea sedette anche lui e disse:

– Volete che vi dica che ci credo? E vi dirò che ci credo! Va bene così?

6. ***acerbi***: aspri.
7. ***su le cave gote***: sulle guance incavate.
8. ***lustro***: lucido.
9. ***sorcigno***: di colore grigio scuro.
10. ***sfagliò***: si mosse di scatto.
11. ***si figura***: immagina.

– Nossignore, – negò recisamente[12] il Chiàrchiaro, col tono di chi non ammette scherzi. – Lei deve crederci sul serio, e deve anche dimostrarlo istruendo[13] il processo!

– Questo sarà un po' difficile, – sorrise mestamente il D'Andrea.

– Ma vediamo di intenderci, caro Chiàrchiaro. Voglio dimostrarvi che la via che avete preso non è propriamente quella che possa condurvi a buon porto.

– Via? Porto? Che porto e che via? – domandò, aggrondato[14], il Chiàrchiaro.

– Né questa d'adesso, – rispose il D'Andrea, – né quella là del processo. Già l'una e l'altra, scusate, sono tra loro così.

E il giudice D'Andrea infrontò[15] gl'indici delle mani per significare che le due vie gli parevano opposte.

Il Chiàrchiaro si chinò e tra i due indici così infrontati del giudice ne inserì uno suo, tozzo, peloso e non molto pulito.

– Non è vero niente, signor giudice! – disse, agitando quel dito.

– Come no? – esclamò il D'Andrea. – Là accusate come diffamatori due giovani perché vi credono jettatore, e ora qua voi stesso vi presentate innanzi a me in veste di jettatore e pretendete anzi ch'io creda alla vostra jettatura.

– Sissignore.

– E non vi pare che ci sia contraddizione?

Il Chiàrchiaro scosse più volte il capo con la bocca aperta a un muto ghigno di sdegnosa commiserazione.

– Mi pare piuttosto, signor giudice, – poi disse, – che lei non capisca niente.

Il D'Andrea lo guardò un pezzo, imbalordito[16].

– Dite pure, dite pure, caro Chiàrchiaro. Forse è una verità sacrosanta questa che vi è scappata dalla bocca. Ma abbiate la bontà di spiegarmi perché non capisco niente.

– Sissignore. Eccomi qua, – disse il Chiàrchiaro, accostando la seggiola. – Non solo le farò vedere che lei non capisce niente; ma anche che lei è un mio mortale nemico. Lei, lei, sissignore. Lei che crede di fare il mio bene. Il mio più acerrimo nemico! Sa o non sa che i due imputati hanno chiesto il patrocinio[17] dell'avvocato Manin Baracca?

– Sì. Questo lo so.

– Ebbene, all'avvocato Manin Baracca io, Rosario Chiàrchiaro, io stesso sono andato a fornire le prove del fatto: cioè, che non solo mi ero accorto da più d'un anno che tutti, vedendomi passare, facevano le corna, ma le prove anche, prove documentate e testimonianze irrepetibili dei fatti spaventosi su cui è edificata[18] incrolla-

**12. *recisamente***: in modo deciso.
**13. *istruendo***: organizzando, svolgendo.
**14. *aggrondato***: corrucciato, perplesso.
**15. *infrontò***: allontanò in direzioni opposte.
**16. *imbalordito***: fortemente stupito.
**17. *il patrocinio***: il sostegno, la tutela.
**18. *edificata***: costruita.

bilmente, incrollabilmente, capisce, signor giudice? La mia fama di jettatore!

– Voi? Dal Baracca?

– Sissignore, io.

Il giudice lo guardò, più imbalordito che mai:

– Capisco anche meno di prima. Ma come? Per render più sicura l'assoluzione di quei giovanotti? E perché allora vi siete querelato[19]?

Il Chiàrchiaro ebbe un prorompimento di stizza per la durezza di mente del giudice D'Andrea; si levò in piedi, gridando con le braccia per aria:

– Ma perché io voglio, signor giudice, un riconoscimento ufficiale della mia potenza, non capisce ancora? Voglio che sia ufficialmente riconosciuta questa mia potenza spaventosa, che è ormai l'unico mio capitale!

Il giudice D'Andrea si curvò, si prese la testa tra le mani, commosso, e ripeté:

– Povero caro Chiàrchiaro mio, povero caro Chiàrchiaro mio, bel capitale! E che te ne fai? Che te ne fai?

– Che me ne faccio? – rimbeccò[20] pronto il Chiàrchiaro. – Lei, padrone mio, per esercitare codesta professione di giudice, anche così male come la esercita, mi dica un po', non ha dovuto prender la laurea?

– La laurea, sì.

– Ebbene, voglio anch'io la mia patente, signor giudice! La patente di jettatore. Col bollo. Con tanto di bollo legale! Jettatore patentato dal regio tribunale.

– E poi?

– E poi? Me lo metto come titolo nei biglietti da visita. Signor giudice, mi hanno assassinato. Lavoravo. Mi hanno fatto cacciar via dal banco[21] dov'ero scritturale[22], con la scusa che, essendoci io, nessuno più veniva a far debiti e pegni; mi hanno buttato in mezzo a una strada, con la moglie paralitica da tre anni e due ragazze nubili, di cui nessuno vorrà più sapere, perché sono figlie mie; viviamo del soccorso che ci manda da Napoli un mio figliuolo, il quale ha famiglia anche lui, quattro bambini, e non può fare a lungo questo sacrifizio per noi. Signor giudice, non mi resta altro che di mettermi a fare la professione del jettatore! Mi sono parato[23] così, con questi occhiali, con quest'abito; mi sono lasciato crescere la barba; e ora aspetto la patente per entrare in campo! Lei mi domanda come? Me lo domanda perché, le ripeto, lei è un mio nemico!

– Io?

– Sissignore. Perché mostra di non credere alla mia potenza! Ma

***19. vi siete querelato***: avete fatto querela.
***20. rimbeccò***: ribattè.
***21. banco***: ufficio di prestiti finanziari.
***22. scritturale***: impiegato in compiti di scrittura.
***23. parato***: preparato.

per fortuna ci credono gli altri, sa? Tutti, tutti ci credono! E ci son tante case da giuoco in questo paese! Basterà che io mi presenti; non ci sarà bisogno di dir nulla. Mi pagheranno per farmi andar via! Mi metterò a ronzare[24] attorno a tutte le fabbriche; mi pianterò[25] innanzi a tutte le botteghe; e tutti, tutti mi pagheranno la tassa, lei dice dell'ignoranza? Io dico la tassa della salute! Perché, signor giudice, ho accumulato tanta bile[26] e tanto odio, io, contro tutta questa schifosa umanità, che veramente credo d'avere ormai in questi occhi la potenza di far crollare dalle fondamenta un'intera città.

Il giudice D'Andrea, ancora con la testa tra le mani, aspettò un pezzo che l'angoscia che gli serrava la gola desse adito[27] alla voce. Ma la voce non volle venir fuori; e allora egli, socchiudendo dietro le lenti i piccoli occhi plumbei, stese le mani e abbracciò il Chiàrchiaro a lungo, forte forte, a lungo.

Questi lo lasciò fare.

– Mi vuol bene davvero? – gli domandò. – E allora istruisca subito il processo, e in modo da farmi avere al più presto quello che desidero.

– La patente?

Il Chiàrchiaro protese il braccio e, portandosi l'altra mano al petto, ripeté con tragica solennità:

– La patente.

da L. Pirandello, *Novelle per un anno*, A. Mondadori, Milano 1985

***24. ronzare***: girare.
***25. mi pianterò***: mi fermerò stabilmente.
***26. bile***: rabbia.
***27. desse adito***: lasciasse uscire.

## ABILITÀ

### COMPRENSIONE

**1. Completa questo breve testo per tracciare un profilo del personaggio Chiàrchiaro.**

Svolgeva il lavoro di .................... . Ha .................... figli, di cui uno .................... e due .................... . Ha .................... nipoti. Ha una moglie .................... da .......... anni. Ha l'aspetto di .................... . Si è fatto crescere .................... . Porta un paio di .................... .

PUNTI ...... /10

**2. Spiega sinteticamente quale tipo di querela aveva avviato Chiàrchiaro presso l'ufficio del giudice.**

PUNTI ...... /1

3. **Il giudice D'Andrea, a proposito della causa che Chiàrchiaro gli aveva affidato:**
- ▢ è sicuro di poterla vincere facilmente.
- ▢ non ne vuole assolutamente parlare con i colleghi.
- ▢ ritiene che inevitabilmente sarà persa dal suo cliente.

PUNTI ...... /1

4. **Il giudice D'Andrea convoca Chiàrchiaro nel proprio ufficio ma, appena questi entra, ha una reazione assai brusca. Individua, nel testo, la ragione e spiegala con parole tue.**

PUNTI ...... /1

5. **Spiega, in modo breve ma preciso, in che cosa consiste *la patente*, in questo racconto di Pirandello.**

PUNTI ...... /1

ANALISI

6. **Considera le seguenti osservazioni, relative al personaggio del giudice D'Andrea e indica quelle che effettivamente lo caratterizzano.**
- ▢ Prende a cuore le pratiche che gli vengono affidate.
- ▢ Vuole confrontarsi con i colleghi sul caso che deve istruire.
- ▢ Non sa esprimere i suoi sentimenti.
- ▢ Svolge il suo lavoro con onestà e moralità.
- ▢ Considera la puntualità un preciso dovere.

PUNTI ...... /5

7. **Il giudice D'Andrea invita Chiàrchiaro nel suo ufficio per un preciso scopo: quale?**
- ▢ Vuole fargli capire che non ha alcuna possibilità di successo.
- ▢ Vuole conoscere meglio, e da fonte diretta, i particolari della vicenda.
- ▢ Vuole concordare la condotta che entrambi avrebbero dovuto tenere in aula.

PUNTI ...... /1

8. **Secondo Pirandello, *è più facile fare il male che il bene*. Riconosci nel testo le due motivazioni con le quali egli sostiene questa tesi e spiegale in breve con parole tue.**

.......................................................................................................................................

.......................................................................................................................................

PUNTI ...... /2

9. **A un certo punto della conversazione fra il giudice e Chiàrchiaro, il primo rileva la presenza di quella che, secondo lui, è una chiara contraddizione nell'atteggiamento del suo cliente. Quale, fra le seguenti frasi, esprime più esattamente il pensiero del giudice?**
- ▢ Chiàrchiaro desidera accusare i due giovani di diffamazione, ma, nell'ufficio del giudice, vuole essere riconosciuto come iettatore.
- ▢ Chiàrchiaro vuole accusare i due giovani del reato di diffamazione, ma, non conosce l'esatto significato del termine "diffamazione".
- ▢ Chiàrchiaro sporge l'accusa di diffamazione, ma non conosce esattamente le persone che l'avrebbero diffamato.

PUNTI ...... /1

**10.** **Nella parte finale del brano, Chiàrchiaro presenta la difficile situazione nella quale egli si è venuto a trovare per colpa della fama che lo circonda. Quale, fra le seguenti frasi, la descrive più esattamente?**

- ▢ Egli ha perduto la famiglia ed è costretto a vivere da solo.
- ▢ Egli ha perduto il lavoro e deve dipendere dall'aiuto del figlio.
- ▢ Egli ha perduto ingiustamente una precedente causa processuale. PUNTI ........ /1

**11.** **Spiega, in modo breve ma preciso, per quale motivo Chiàrchiaro considera il giudice come un suo "nemico".**

PUNTI ........ /1

**12.** **Nella novella, i pensieri dei personaggi sono riferiti attraverso diverse modalità; quali sono utilizzate in questo brano?**

- ▢ Il discorso indiretto.
- ▢ Il discorso diretto.
- ▢ Il monologo interiore.
- ▢ Il discorso diretto libero.
- ▢ Il discorso indiretto libero. PUNTI ........ /5

LESSICO

**13.** **Eseguire un'azione *su due piedi* significa:**

- ▢ attuarla con incertezza.
- ▢ attuarla in modo impulsivo.
- ▢ attuarla dopo lunga riflessione. PUNTI ........ /1

**14.** **Nell'espressione *se n'era fatta proprio una fissazione, di quel processo*, il termine *fissazione* deve essere inteso come:**

- ▢ un vanto.
- ▢ una preoccupazione.
- ▢ un'idea chiara. PUNTI ........ /1

**15.** **Il modo di dire *quattro e quattr'otto* corrisponde a un altro modo di dire: quale?**

- ▢ A conti fatti.
- ▢ A quattr'occhi.
- ▢ Senza "se" e "senza "ma". PUNTI ........ /1

## CONOSCENZE

GENERE

**16.** **Elenca, in relazione alla novella letta, le caratteristiche specifiche di questo genere, scegliendo fra quelle proposte.**

- ▢ La presenza di numerosi personaggi.
- ▢ La presenza di un ristretto numero di personaggi.
- ▢ La presenza di una precisa e riconoscibile situazione storica.

- ▢ La presenza di un unico ambiente che può anche non essere precisato.
- ▢ La durata complessivamente breve.
- ▢ Un intreccio di eventi particolarmente fitto e vario.
- ▢ La presenza di un motivo-guida della vicenda.
- ▢ La dichiarazione, da parte dell'autore, del significato del racconto.
- ▢ La presenza di fatti, situazioni ed eventi riconoscibili nella realtà.
- ▢ La presenza di situazioni spesso inconsuete e strane.

PUNTI ...... /10

**17. A tuo parere, leggendo il racconto si può capire che:**
- ▢ l'autore assegna il ruolo di protagonista al giudice e di antagonista allo iettatore.
- ▢ l'autore assegna il ruolo di protagonista allo iettatore e di antagonista al giudice.
- ▢ l'autore non divide esattamente i ruoli fra i due personaggi principali.

PUNTI ...... /1

**18. Il racconto di Pirandello può essere definito:**
- ▢ drammatico.
- ▢ ironico-umoristico.
- ▢ fantastico.
- ▢ realistico.
- ▢ biografico.

PUNTI ...... /1

## Valuta i Risultati

- **Ho trovato difficoltà nella lettura del testo:**
  ▢ sì. ▢ no.
- **Le difficoltà si riferiscono:**
  ▢ alla comprensione dei fatti. ▢ alla comprensione del messaggio, dei tempi.
  ▢ alla comprensione del lessico. ▢ alla conoscenza del genere.
- **Ho trovato difficoltà nella comprensione delle consegne degli esercizi:**
  ▢ sì. ▢ no.
- **Le difficoltà si riferiscono:**
  ▢ alla comprensione dei termini. ▢ alla comprensione del lavoro da svolgere.
- **Ritengo complessivamente la mia prova:**
  ▢ positiva. ▢ buona. ▢ accettabile. ▢ incerta. ▢ scadente.

VALUTAZIONE

**Totale punti** ............ **/ 45** **Percentuale** ............ **/ 100**

Cognome

Nome

Classe

Data

**Abilità e Conoscenze**

- Saper produrre una parafrasi
- Saper commentare un testo poetico
- Conoscere gli elementi principali del linguaggio poetico

# Trieste

Ho attraversato tutta la città.
Poi ho salita un'erta[1],
popolosa in principio, in là deserta,
chiusa da un muricciolo:
un cantuccio[2] in cui solo
siedo; e mi pare che dove esso termina
termini la città.

Trieste ha una scontrosa
grazia[3]. Se piace,
è come un ragazzaccio aspro e vorace[4],
con gli occhi azzurri[5] e mani troppo grandi
per regalare un fiore;
come un amore
con gelosia[6].
Da quest'erta ogni chiesa, ogni sua via
scopro, se mena all'ingombrata spiaggia[7],
o alla collina cui, sulla sassosa
cima, una casa, l'ultima, s'aggrappa.

Intorno
circola ad ogni cosa
un'aria strana, un'aria tormentosa[8],
l'aria natia.
La mia città che in ogni parte è viva,
ha il cantuccio a me fatto[9], alla mia vita
pensosa e schiva[10].

da U. Saba, *Canzoniere*, Einaudi, Torino 1965

1. ***un'erta***: una strada ripida, in salita.
2. ***cantuccio***: luogo solitario e appartato.
3. ***scontrosa grazia***: una grazia scostante, difficile da scoprire, perché chiusa in sé stessa.
4. ***ragazzaccio... vorace***: un adolescente dai modi un po' bruschi e affamato.
5. ***occhi azzurri***: l'azzurro degli occhi richiama il colore del mare.
6. ***come... gelosia***: come un amore tormentato dalla gelosia.
7. ***se... spiaggia***: se porta alla spiaggia affollata.
8. ***tormentosa***: inquieta.
9. ***a me fatto***: fatto apposta per me, adatto a me.
10. ***schiva***: riservata, appartata.

## ABILITÀ

### COMPRENSIONE

**1. Aiutandoti con le note, elabora la parafrasi.**
**(2 punti per ogni periodo adeguatamente parafrasato)** PUNTI ........ /14

**2. Commenta la poesia. Per aiutarti ti vengono proposti alcuni spunti che ti serviranno a organizzare meglio il tuo testo (2 punti per ogni elemento suggerito adeguatamente trattato).**

**a.** Qual è l'argomento della poesia? Individua le differenze di contenuto tra prima, seconda e terza strofa. E qual è il tema?
**b.** Qual è lo schema metrico (strofe, versi, ecc.)?
**c.** Quali sono le figure di suono e di sintassi più presenti nel testo? Porta degli esempi.
**d.** Per meglio raffigurare Trieste, il poeta ricorre a due similitudini: rintracciale e spiegale. Segnala anche le personificazioni.
**e.** Qual è il significato della rima finale *viva/ schiva*?
**f.** Individua le espressioni del testo che evidenziano il contrasto tra luoghi animati della città e luoghi appartati. Che cosa rappresentano?
**g.** Il termine *cantuccio* ricorre due volte nella poesia. Che cosa cerca il poeta: l'isolamento o uno spazio appartato ma pur sempre inserito nella vita della città? Motiva la tua risposta.
**h.** L'ultima strofa chiarisce il legame profondo tra Saba e Trieste. Spiegalo.
**i.** Saba è un poeta della tradizione o dell'innovazione? Rispondi alla domanda, facendo riferimento al testo. PUNTI ........ /18

## CONOSCENZE

### GENERE

| **3. Indica se le seguenti affermazioni sono vere (V) o false (F).** | **V** | **F** |
|---|---|---|
| **a.** La parafrasi è un testo in prosa. | ◯ | ◯ |
| **b.** Per fare la parafrasi non sempre è utile comprendere la poesia. | ◯ | ◯ |
| **c.** La parafrasi ha come scopo quello di interpretare la poesia. | ◯ | ◯ |
| **d.** Il poeta può utilizzare all'interno della poesia un lessico gergale, poetico, letterario o tecnico. | ◯ | ◯ |
| **e.** Il commento è un testo in cui bisogna dire tutto quello che si sa dell'autore. | ◯ | ◯ |
| **f.** Per fare un commento corretto bisogna soprattutto indicare il tema centrale. | ◯ | ◯ |
| **g.** Per studiare l'autore è importante conoscerne la vita. | ◯ | ◯ |
| **h.** Gli eventi storici non influenzano la poesia di un autore. | ◯ | ◯ |

**i.** La sinestesia consiste nell'associare due campi sensoriali diversi. ▢ ▢
**l.** L'ossimoro consiste nel mettere insieme due parole che hanno significato opposto. ▢ ▢
**m.** L'allitterazione consiste nel cercare di imitare i suoni della natura. ▢ ▢
**n.** L'anafora è la ripetizione di una stessa parola ad inizio di periodi, frasi e versi successivi. ▢ ▢
**o.** Indicare il tutto per la parte è uno dei vari tipi di sineddoche. ▢ ▢
**p.** Indicare l'effetto per la causa è uno dei tanti tipi di metonimia. ▢ ▢
**q.** L'uso particolare delle figure retoriche caratterizza lo stile di un autore. ▢ ▢

**PUNTI** ........ **/15**

## VALUTA I RISULTATI

- **Ho trovato difficoltà nella lettura del testo:**
  ▢ sì. ▢ no.
- **Le difficoltà si riferiscono:**
  ▢ alla comprensione dei fatti. ▢ alla comprensione del messaggio.
  ▢ alla comprensione del lessico. ▢ alla conoscenza del genere.
- **Ho trovato difficoltà nella comprensione delle consegne degli esercizi:**
  ▢ sì. ▢ no.
- **Le difficoltà si riferiscono:**
  ▢ alla comprensione dei termini. ▢ alla comprensione del lavoro da svolgere.
- **Ritengo complessivamente la mia prova:**
  ▢ positiva. ▢ buona. ▢ accettabile. ▢ incerta. ▢ scadente.

VALUTAZIONE

**Totale punti** ..................... **/ 47** **Percentuale** ..................... **/ 100**

VERIFICA SOMMATIVA 7

U12 Adolescenti che scelgono: agire per essere

Cognome

Nome

Classe

Data

**Abilità e Conoscenze**

- Comprendere le relazioni logiche
- Individuare il tema, l'argomento, il messaggio di un testo
- Saper spiegare espressioni specifiche

# Il giubbotto

*Negli anni Novanta la squadra dei Chicago Bulls[1] con Michael Jordan[2] era fortissima e i suoi giocatori erano gli idoli di ogni ragazzo americano; in particolare Jordan rappresentava colui che era riuscito, grazie alla sua tenacia e alla sua intelligenza, a uscire dalla disperazione del ghetto nero di Chicago, la "South Side". Egli costituiva, perciò, per i giovani di questo ghetto la speranza di poter un giorno volare via come aveva fatto lui.*

Come tutte le madri, ma specialmente come le madri dei figli del ghetto, anche la signora O'Brian viveva nel terrore quotidiano che alla figlia accadesse qualcosa, nell'inferno di quel quartiere. Era sola a occuparsi di Chenille, perché il padre era scomparso nel nulla prima ancora che lei nascesse. Lavorava in un magazzino di giorno e in un'impresa di pulizie la sera, per mantenere se stessa e la figlia. Dunque non aveva molto tempo per starle vicina.

Eppure, nonostante tutto, Chenille stava crescendo bene, aveva raggiunto l'età non facile della prima adolescenza ed era divenuta una ragazza senza pagare i prezzi terribili che tante sue coetanee pagavano e che le ricerche sociali confermavano [...].

Andava persino bene a scuola, un altro piccolo miracolo in quell'ambiente nel quale le scuole pubbliche avevano dovuto piazzare i metal detector, quelle porticine come ci sono negli aeroporti, per scoprire se gli studenti si portavano alla mattina in aula pistole e coltelli.

Chenille era stata promossa, aveva finito l'ottava classe, che in Italia è la terza media, e sarebbe entrata al liceo in autunno. La madre decise di premiarla, di darle un segno di riconoscimento. Vuotò il barattolo dei risparmi. Andò in un negozio di articoli sportivi e comprò per lei un giubbotto bianco, nero e rosso dei "Chicago Bulls", proprio quello con il nome di Michael Jordan sulla schiena. Le costò 95 dollari, l'equivalente di due giorni di lavoro nel magazzino e nell'impresa di pulizie, ma il sacrificio le parve meritato. E la reazione di sua figlia glielo confermò.

Quando ricevette la giacca di Michael, Chenille impazzì di gioia.

Lo volevano tutti, quel giubbotto di panno, tutte le sue amiche a scuola, i ragazzi nel cortile che giocavano fra le siringhe vuote dei drogati e le bottiglie di vetro degli alcolizzati, e Chenille uscì di casa per farlo vedere a chiunque avesse occhi, nel ghetto.

1. ***Chicago Bulls***: squadra di basket dell'omonima città (Illinois) degli Stati Uniti.
2. ***Michael Jordan***: famoso capitano dei Bulls. Questa squadra americana di basket era fortissima negli anni Novanta.

Era estate, che a Chicago vuol dire caldo e umido sulle rive dei Grandi Laghi del Nord America, ma non le importava nulla.

Sudando sotto il giubbotto di panno e di pelle, Chenille corse sul campo di basket per farlo vedere ai giocatori che tiravano fuori la lingua a imitazione di Michael. Tutti le corsero incontro e le diedero gli schiaffi sulle mani tese in alto, come fanno oggi i ragazzi americani per complimentarsi.

Andò in chiesa, dove la domenica cantava nel coro e anche il Pastore le fece festa. Non perché al vecchio Reverendo importasse nulla della giacca di Jordan, ma perché sapeva che quel regalo era il premio per quel che Chenille aveva fatto e voleva incoraggiarla a continuare.

Volò dal gelataio dove le sue amiche trascinavano i pomeriggi d'estate succhiando frappé e leccando coni, e ci rimase male quando non trovò la sua amica del cuore, Aleena, proprio colei alla quale teneva di più.

– Deve essere andata nella lavanderia a gettone per fare il bucato della madre, all'angolo fra la 125ª strada e la Washington Street –, le dissero, e lei corse verso la lavanderia per fare vedere la giacca ad Aleena e farla morire un po' d'invidia. Era un po' una carognata, ma a che servono le amiche, se non a farle soffrire un po'?

Ma la lavanderia era vuota. C'era solo un vecchio che guardava con espressione assonnata le sue camicie e le sue mutande rotolare ritmicamente, ipnoticamente dentro l'oblò della lavatrice a gettone, come fosse un televisore con un solo, noiosissimo programma: l'ora del calzino e della mutanda in diretta.

Chenille non si diede per vinta. L'amica sarebbe arrivata per forza qui, pensò, se l'avevano vista uscire di casa con una bracciata di biancheria sporca. Dopotutto non ci sono molti posti dove uno possa andare con un carico di panni da lavare, no? Si sedette e decise di aspettare.

Fu l'ultima decisione che avrebbe preso in vita sua.

Pochi minuti dopo, nella lavanderia entrò una coppia, lui un ragazzo di diciassette anni e lei una ragazza, di quindici anni. Sembravano tipi qualsiasi, come se ne vedono a ogni momento. Erano neri di pelle, come lei, e quello era normale in un quartiere dove i bianchi non mettevano mai piede. Erano vestiti come tutti, bluejeans, maglietta, cappello con la visiera voltata indietro, perché guai a portare la visiera davanti, fra i giovani americani, si passa subito per scemi. Non avevano nessun cesto o sacchetto di biancheria sporca in mano, notò Chenille, ma forse sono venuti a prendere il vecchio che guardava la lavatrice, pensò.

– Wow, – uàuu, accidenti, come dicono i teen-ager americani, – guarda, guarda, il giubbotto di Michael Jordan, che forza, che bello, – esclamò la ragazza appena entrata, – è tutta la vita che lo sogno e lo vorrei.

– Ah sì? Ti piace davvero tanto? – le rispose il ragazzo.

– Sì, sì da pazzi, darei qualunque cosa per averlo.

– Se lo vuoi è tuo, – disse lui tranquillo, – per te ogni cosa, amore mio.

Si avvicinò a Chenille, che aveva seguito il dialogo facendo finta di niente ma nascondendo un altro brivido di orgoglio per la sua giacchetta che attirava l'occhio di tutti.

La prese per un braccio, la spinse fuori dalla lavanderia senza grande sforzo perché lui era un ragazzone alto e robusto, mentre lei era piccina.

La spinse contro il muro e, prima che Chenille potesse capire che cosa le stava accadendo, estrasse un coltello a serramanico dalla tasca, di quelli con l'impugnatura d'osso e la lama lunga e aguzza. Senza una parola, lo piantò nel petto di Chenille, la guardò afflosciarsi a terra con gli occhi spalancati nell'incredulità della morte a tredici anni e le sfilò il giubbotto bianco rosso e nero di Michael Jordan.

Non era ancora morta, che già le sfilava la giacca e Chenille dovette morire anche con il dispiacere di vedersi portare via il suo giubbotto adorato.

– Il giubbotto adesso è tuo, – disse calmo il ragazzo alla sua ragazza che lo aveva seguito fuori e aveva assistito impassibile alla scena. Lo indossò sorridendo, mentre lui puliva la lama del coltello sui calzoni prima di richiuderlo e di riporlo in tasca.

Più tardi, quando la polizia arresterà l'assassino di Chenille e la sua ragazza, catturati grazie alla testimonianza proprio di quel vecchio che sembrava intontito a guardare la sua biancheria nella lavatrice ma invece aveva visto tutto, gli agenti si accorsero che il giubbotto dei "Chicago Bulls" era ancora sporco di sangue e anche la maglietta che la ragazza portava sotto era macchiata. Si era dunque infilata la giacca quando il sangue di Chenille era ancora fresco.

Era stata uccisa per un giubbotto, a tredici anni.

Uccisa come altri ragazzi e ragazze della sua età che perdono la vita perché qualcuno con un coltello in tasca desidera la giacca di pelle, l'orologio di moda, le scarpe da basket, il cappello che in quel momento portano addosso.

La storia del giubbotto di Chenille può sembrare terribile, ma ciò che la rende davvero mostruosa è che essa è normale, quotidiana nei luoghi dove la miseria incontra il desiderio sfrenato di possedere le cose. Nelle strade dove l'assenza di un futuro rende ossessiva la voglia di impadronirsi di un pezzetto di presente, anche a costo di spegnere una vita.

da V. Zucconi, *Stranieri come noi*,
Einaudi, Torino 1993

## ABILITÀ

### COMPRENSIONE

1. **L'episodio accade:**
   ▢ nel ghetto nero di Chicago. ▢ a Washington. ▢ nell'Illinois. PUNTI ....... /1

2. **In quale stagione si collocano gli eventi?**
   ........................................................................ PUNTI ....... /1

3. **Perché, nonostante ciò, Chenille indossa subito il giubbotto?**
   ▢ Perché il giubbotto le darà visibilità tra gli amici.
   ▢ Perché il giubbotto rappresenta il desiderio di tutti.
   ▢ Perché si sente elegante per la prima volta. PUNTI ....... /1

4. **Sottolinea i luoghi in cui si reca Chenille per cercare gli amici.**

   In chiesa - in gelateria - in piazza - sul campo di basket - a scuola - in lavanderia - al market

   PUNTI ....... /7

5. **Per quale circostanza la madre fa questo regalo a Chenille?**
   ▢ Perché è il suo compleanno.
   ▢ Perché sarebbe andata in collegio.
   ▢ Perché è stata promossa. PUNTI ....... /1

6. **Perché nel testo si afferma che *Chenille stava crescendo bene*?**
   ▢ Perché va bene a scuola.
   ▢ Perché ha buoni rapporti di amicizia.
   ▢ Perché non dà problemi alla madre. PUNTI ....... /1

**7. Perché per la madre tale regalo costituisce un sacrificio?**
- ◯ Perché le costa due giorni di lavoro.
- ◯ Perché fa un lavoro precario.
- ◯ Perché il lavoro che fa è retribuito solo saltuariamente.

PUNTI ........ /1

**8. Completa il testo che riassume il contenuto del brano.**

La mamma di Chenille decide di regalare alla figlia un ........................................ dei "Chicago Bulls" per la ........................................ . La ragazza è molto felice per il ........................................ e lo mostra a tutti i suoi amici. Decide di mostrarlo anche ad ........................................, la sua amica del cuore e la raggiunge in una ........................................ a gettone che si trova tra la 125ª ........................................ e la Washington Street. Non la trova, ma decide di aspettarla. Entra una ........................................ di giovani, la ragazza guarda ammirata il giubbotto di Chenille. Il suo ........................................, per farla felice, uccide Chenille e le sottrae il giubbotto per farne ........................................ alla sua ragazza.

PUNTI ........ /9

## ANALISI

**9. L'autore ritiene che, anche se mostruoso, in quel quartiere, l'episodio del giubbotto…**
◯ sia un fatto eccezionale. ◯ rientri nella normalità. ◯ sia abbastanza grave. PUNTI ........ /1

**10. Egli afferma che secondo alcuni studiosi la radice della violenza è legata:**
◯ all'ignoranza. ◯ ai modelli consumistici. ◯ alla moda. PUNTI ........ /1

**11. *Fu l'ultima decisione che avrebbe preso in vita sua* è:**
◯ un flashback. ◯ un'anticipazione. ◯ un commento dell'autore. PUNTI ........ /1

**12. L'argomento di questo testo è:**
- ◯ il consumismo.
- ◯ un fatto di violenza accaduto.
- ◯ la condizione sociale e morale nel ghetto nero di Chicago.

PUNTI ........ /1

**13. Il tema del testo è:**
- ◯ l'adolescenza difficile in un ambiente degradato.
- ◯ l'amore di una madre per la figlia.
- ◯ l'invidia degli amici.

PUNTI ........ /1

**14. Il messaggio che l'autore vuole trasmettere è:**
- ◯ la protagonista non si omologa agli altri.
- ◯ in certe situazioni sono totalmente assenti i valori morali.
- ◯ il possesso di armi induce facilmente a compiere delitti.

PUNTI ........ /1

LESSICO

**15. Indica il significato delle seguenti espressioni.**

**a.** *Nell'inferno di quel quartiere*:
- ▢ in quel quartiere fa sempre molto caldo.
- ▢ in quel quartiere bruciano molte case.
- ▢ in quel quartiere la vita è molto difficile.

**b.** *Aveva deciso di comprare un pezzettino di quella speranza*:
- ▢ il giubbotto era il simbolo della ricchezza.
- ▢ il giubbotto era il simbolo di una rivincita sociale.
- ▢ il giubbotto era il simbolo della differenza rispetto a coloro che vivevano nel ghetto.

**c.** *In un quartiere dove i bianchi non mettevano mai piede*:
- ▢ i bianchi entravano nel quartiere solo in auto.
- ▢ i bianchi rifiutavano di entrare in quel quartiere.
- ▢ i bianchi non si azzardavano a entrare in quel quartiere.

**PUNTI ....... /3**

## VALUTA I RISULTATI

- **Ho trovato difficoltà nella lettura del testo:**
  ▢ sì. ▢ no.
- **Le difficoltà si riferiscono:**
  ▢ alla comprensione dei fatti. ▢ alla comprensione del messaggio.
  ▢ alla comprensione del lessico. ▢ alla conoscenza del genere.
  ▢ alla capacità di effettuare collegamenti logici.
- **Ho trovato difficoltà nella comprensione delle consegne degli esercizi:**
  ▢ sì. ▢ no.
- **Le difficoltà si riferiscono:**
  ▢ alla comprensione dei termini. ▢ alla comprensione del lavoro da svolgere.
- **Ritengo complessivamente la mia prova:**
  ▢ positiva. ▢ buona. ▢ accettabile. ▢ incerta. ▢ scadente.

VALUTAZIONE

**Totale punti** ............ **/ 31** **Percentuale** ............ **/ 100**

VERIFICA SOMMATIVA 8

U13 Il diritto alla pace

Cognome

Nome

Classe

Data

**Abilità e Conoscenze**

- Individuare il tema principale del testo
- Analizzare il punto di vista dell'autore
- Spiegare figure retoriche

# La fossa

*Il protagonista, che si trova in prima linea, non riuscendo a rintracciare la sua trincea, si rifugia in una buca, sperando nell'arrivo dei compagni, invece cade nella fossa un nemico che egli d'istinto colpisce con il pugnale. Trascorre l'intera notte a fianco dell'uomo che sta per morire.*

È giorno, un mattino chiaro e grigio. Il rantolo[1] continua. Io mi tappo le orecchie, ma poi subito riapro le mani, perché altrimenti non odo più gli altri rumori.

La figura dinanzi a me fa un movimento. Trasalisco[2] e involontariamente guardo da quella parte. E i miei occhi rimangono fissi, come se fossero inchiodati. È un uomo con un paio di baffetti; la testa gli pende da un lato e posa inerte sul braccio a metà piegato. L'altra mano preme il petto, nero di sangue.

È morto, dico a me stesso: deve esser morto, non sente più nulla; chi rantola è soltanto il suo corpo. Ma la testa tenta di sollevarsi, il gemito si fa per un istante più forte, poi la fronte ricade sul braccio. L'uomo non è morto; muore, ma non è morto ancora. Mi trascino verso di lui, mi arresto, punto sulle mani, poi scivolo un po' più in là, aspetto ancora: un orribile cammino di tre metri, un lungo, terribile viaggio. Finalmente eccomi presso di lui.

Allora apre gli occhi: deve avermi sentito, e mi fissa con un'espressione di indicibile[3] orrore. Il corpo giace immobile, ma negli occhi gli leggo che vuol fuggire, una volontà di fuga così tremenda, che per un attimo mi pare che abbiano la forza di rapir lontano quella povera salma, via, lontano, a centinaia di chilometri, d'un sol balzo. Il corpo è immobile, perfettamente tranquillo, muto ormai, perché il rantolo è cessato; ma gli occhi gridano, urlano, tutta la vita si raccoglie in uno sforzo immenso, di fuggire, di fuggire; in uno spaventoso orrore della morte... e di me.

Io mi accascio a terra, sui gomiti: – No, no – mormoro.

I suoi occhi mi seguono. Non posso fare un movimento, finché mi fissano così.

Adagio adagio la sua mano si stacca dal petto, solo un piccolo tratto, pochi centimetri. Ma basta quel movimento a sciogliere l'incubo di quello sguardo. Mi piego su di lui, scuoto la testa e mormoro: – No, no, no – e alzo la mano, per mostrargli che lo voglio aiutare, e gli sfioro la fronte.

**1. rantolo**: respiro affannoso di chi è in punto di morte.
**2. Trasalisco**: sussulto per un'improvvisa paura.
**3. indicibile**: indescrivibile, che non si può spiegare con le parole.

A quel tocco gli occhi sembrano ritrarsi; ormai perdono la loro fissità, le ciglia si abbassano alquanto, la tensione cede. Allora gli sgancio il bavero, e cerco di poggiare più comodamente la sua testa.

La bocca è semiaperta e si sforza di formulare parole. Ma le labbra sono aride. Non ho con me la borraccia, l'ho lasciata in trincea. Ma c'è dell'acqua motosa[4], giù nel fosso. Scendo, tiro fuori il fazzoletto, lo spiego nella melma[5], raccolgo nella mano l'acqua gialla che ne filtra. Egli la beve. Vado a prenderne ancora. Poi gli slaccio la giubba, per bendarlo, se si può. Devo fare così ad ogni modo, affinché quelli di là, se mi fanno prigioniero, vedano che ho cercato di soccorrere il loro compagno e non mi fucilano sul posto. Egli cerca di schermirsi[6], ma la sua mano è troppo debole. La camicia è attaccata alla piaga e non si lascia aprire; non mi resta che tagliarla.

Allora cerco e ritrovo il mio coltello; ma quando comincio a tagliare la camicia, quegli occhi si spalancano di nuovo, e di nuovo v'è in essi quel grido, quel delirio, cosicché sono costretto a chiuderli, a tener le dita sulle palpebre, mentre mormoro: – Ma no, ma ti voglio soccorrere, compagno, *camarade*, *camarade*... – E ripeto con insistenza la parola, perché la capisca.

Sono tre pugnalate. Il mio pacchetto di medicazioni le fascia, ma il sangue scorre sotto le bende; le comprimo e il ferito geme.

È tutto quello che posso fare. Ora non resta che aspettare, aspettare...

Che ore! Il rantolo ricomincia: come è lento a morire un uomo! Perché lo so: salvarlo non è possibile. Ho bensì cercato di illudermi, ma verso mezzogiorno il suo gemito ha dissipato[7] il mio inganno. Se nell'avanzare non avessi perduto la mia rivoltella, lo finirei con una palla. Ma pugnalarlo non posso.

Verso mezzogiorno la mia mente titubа[8] ai margini dell'incoscienza. La fame mi rode i visceri; quasi piango di rabbia per questo voler mangiare, ma non me ne posso difendere. Più volte vado a prendere acqua pel moribondo, e ne bevo io stesso.

È la prima creatura umana che io abbia mai ucciso con le mie mani, che io possa veder da vicino, e la cui morte sia opera mia. Kat e Kropp e Müller[9] hanno già visto, quando hanno colpito qualcuno in un corpo a corpo, come spesso accade...

Ma ogni suo respiro mi strappa il cuore. Questo morente ha per sé le ore, ha un pugnale invisibile col quale mi colpisce: il tempo e il mio pensiero.

Non so che cosa darei perché rimanesse in vita. È duro starsene qui, doverlo vedere, doverlo udire...

**4. *motosa***: fangosa, sporca.
**5. *melma***: acqua piena di terra.
**6. *schermirsi***: difendersi, proteggersi.
**7. *dissipato***: dissolto, disperso.
**8. *tituba***: esita.
**9. *Kat e Kropp e Müller***: compagni del protagonista con lui in prima linea.

Alle tre del pomeriggio è morto.

Respiro: ma per poco tempo. Il silenzio mi sembra ben presto anche più insopportabile che quel gemere di prima. Vorrei che il rantolo ricominciasse, roco, interrotto, ora fischiando piano e ora più aspro e più forte.

È stupido quello che faccio. Ma ho bisogno di occuparmi. E dunque metto il morto in una posizione più comoda, benché non senta più nulla. Gli chiudo gli occhi. Sono castani; i capelli neri, con qualche riccio sulle tempie.

La bocca è carnosa e tenera sotto i baffi; un po' arcuato il naso, bruna la pelle, non più livida[10], come poc'anzi, mentre era ancora in vita. Per un istante il viso sembra anzi riacquistar salute; poi subito si trasfigura in quel viso spento dei cadaveri che ho visto tante volte, e che li fa tutti uguali.

Certo, sua moglie ora penserà a lui: essa non sa quello che gli è accaduto. Egli ha l'aria d'un uomo che scriva spesso alla moglie: ed ella riceverà ancora lettere di lui, domani, tra una settimana, forse una lettera perduta ancora fra un mese. Ella le leggerà, ed egli le parlerà ancora.

Il mio stato peggiora sempre, non sono più padrone dei miei pensieri. Come sarà quella donna? Non mi appartiene un po'? Forse è mia, ora che ho ucciso il suo uomo. Se mia madre mi vedesse così… Quest'uomo avrebbe potuto campare altri trent'anni, se io mi fossi impresso meglio la via del ritorno. Se fosse passato due metri più a sinistra, a quest'ora sarebbe là, nella sua trincea, e scriverebbe un'altra lettera alla sua donna.

da E.M. Remarque, *Niente di nuovo sul fronte occidentale*, Mondadori, Milano 1989

***10. livida***: bluastra, cianotica.

## ABILITÀ

### COMPRENSIONE

1. **Dove avviene la vicenda?** IN UNA TRINCEA ........ PUNTI ...... /1
2. **Che tipo di relazione intercorre tra i due personaggi?**
   ☐ Sono compagni. ☒ Sono nemici. ☐ Non si sa di che esercito siano. PUNTI ...... /1
3. **Entrambi i soldati hanno paura l'uno dell'altro. Sottolinea nel testo le due frasi che lo dimostrano.** PUNTI ...... /2

4. **Come si comporta il protagonista nei confronti del nemico, mentre è vivo?**

GLI PARLA ................................................................ PUNTI ...... /1

5. **Quando è morto?** ................................................................ PUNTI ...... /1

## ANALISI

6. **Perché il protagonista aiuta il soldato ferito?**
   - ☐ Per compassione.
   - ☒ Per evitare che i nemici lo fucilino, nel caso lo scoprano.
   - ☐ Per sedare il rimorso di averlo ucciso.

   PUNTI ...... /1

7. **Il narratore si vergogna di provare fame in un momento così drammatico; spiega con parole tue il motivo.**

................................................................ PUNTI ...... /1

8. **Nonostante sia moribondo, il soldato ha la capacità di colpire con un pugnale invisibile il suo avversario, perché:**
   - ☐ con gli occhi gli dimostra tutto il suo odio.
   - ☒ il suo stato lo fa sentire in colpa.
   - ☒ prova rimorso per quello che ha fatto.

   PUNTI ...... /1

9. **Completa la tabella inserendo aspetti dello stato d'animo del protagonista subito prima e subito dopo la morte del nemico.**

| Prima della morte | Dopo la morte |
|---|---|
| Ogni suo respiro mi strappa il cuore | |
| | |
| | |
| | |

PUNTI ...... /7

10. **Che cosa immagina il protagonista pensando alla moglie del militare morto? Questi pensieri lo fanno sentire meglio o peggio?**

................................................................ PUNTI ...... /2

11. **La morte in guerra sembra quasi attribuibile a una fatalità, al caso. Sottolinea nel testo le parole che lo dimostrano.** PUNTI ...... /1

**12. La narrazione avviene:**

☐ in terza persona. ☒ in prima persona. PUNTI ....... /1

**13. La focalizzazione è quindi:**

☒ esterna. ☐ interna. PUNTI ....... /1

LESSICO

**14. *Gli occhi gridano* è una figura retorica che accosta due sensazioni provenienti da sensi diversi; spiega quali.**

........................................................................................................ PUNTI ....... /1

**15. Quale sentimento vuole esprimere l'autore con la figura retorica analizzata nell'esercizio precedente?**

........................................................................................................ PUNTI ....... /1

**16. *Strappa il cuore* è un'espressione di senso figurato che significa:**

☒ mi affascina. ☐ mi tormenta. ☒ mi spaventa. PUNTI ....... /1

## Valuta i Risultati

- **Ho trovato difficoltà nella lettura del testo:**
  ☐ sì. ☒ no.
- **Le difficoltà si riferiscono:**
  ☐ alla comprensione dei fatti. ☐ alla comprensione del messaggio.
  ☐ alla comprensione del lessico. ☐ alla conoscenza del genere.
- **Ho trovato difficoltà nella comprensione delle consegne degli esercizi:**
  ☐ sì. ☒ no.
- **Le difficoltà si riferiscono:**
  ☐ alla comprensione dei termini. ☐ alla comprensione del lavoro da svolgere.
- **Ritengo complessivamente la mia prova:**
  ☒ positiva. ☐ buona. ☐ accettabile. ☐ incerta. ☐ scadente.

VALUTAZIONE

**Totale punti** 24 **/ 24** **Percentuale** 100% **/ 100**

VERIFICA SOMMATIVA 9

U14 L'Olocausto

Cognome

Nome

Classe

Data

**Abilità e Conoscenze**

- Conoscere per ricordare
- Comprendere l'importanza del rispetto reciproco

# Vita e morte a Mauthausen

Le prime ore trascorsero nell'affannosa ricerca di conoscere il nostro destino.

La vita, la morte che ci attende è descritta da una ridda[1] di drammatiche notizie che coincidono con la realtà delle prime angosciose esperienze. La possibilità di sopravvivere è minima.

Mauthausen è un *lager* di sterminio, dove cioè noi prigionieri siamo destinati a morire dopo qualche settimana; al massimo possiamo resistere tre o quattro mesi, durante i quali siamo sfruttati in duri lavori utili al Reich.

Botte giorno e notte. Una zuppa di rape, poco pane ammuffito e una noce di margarina o una fettina di salame sono il solo nutrimento per una intera giornata. Pugni e calci. Poche ore di scomoda tregua è il riposo, in quattro per ogni pagliericcio[2] largo ottanta centimetri, lungo un metro e ottanta. Calci e bastonate. Vecchie e ridicole divise militari di guerre dimenticate pretendono di ripararci dal freddo. Altri calci, ancora pugni e bastonate, fino a morire sfiniti dalla fame, dal freddo, spesso sul posto di lavoro, talvolta di morte violenta, puniti per supposte o banali[3] colpe.

I cadaveri vengono bruciati nei forni crematori.

Tutto è organizzato per farci sparire senza lasciare traccia.

Insomma ci deportano qui, da tutta Europa, perché troppe fucilazioni nelle nazioni occupate possono provocare reazioni a catena, disordini, insurrezioni; rimangono invece abbastanza tranquille, credendo che i nazisti abbiano semplicemente inviato gli oppositori a lavorare in Germania.

Noi deportati politici siamo individuati da un triangolo rosso cucito sulla giacca e sui pantaloni; è indicata anche la nazionalità ed il numero di matricola. Io sono l'It. 115637.

Gli ebrei hanno il triangolo giallo; non ne ho visti ancora. Dicono che li uccidono quasi tutti subito appena arrivano.

Gli zingari e gli altri "asociali" (secondo il giudizio dei nazi), sono distinti con il triangolo nero.

Siamo tutti comandati da delinquenti, rapinatori, assassini, contrassegnati con il triangolo verde. Li chiamano *kapò*. Ecco chi erano gli strani uomini conosciuti all'arrivo.

Sono ergastolani tedeschi e austriaci prelevati dai penitenziari con il preciso compito di toglierci ogni capacità di resistenza, fin dai primi giorni.

Poiché la loro carriera e i loro privilegi dipendono dalle capacità

1. *ridda*: gran quantità, un insieme.
2. *pagliericcio*: sacco riempito di foglie che funge da materasso.
3. *supposte o banali*: presunte o sciocche.

di svolgere il loro mandato, infieriscono con crudeltà ottenendo di spersonalizzarci in poco tempo.

Il fisico indebolito dalla fame, lo spirito depresso per le continue percosse, il cervello annebbiato per lo scarso riposo, l'umiliazione di dover assistere impotenti alle fustigazioni[4] distribuite per futili[5] motivi (venticinque vergate uccidono o riducono in condizioni pietose), l'assistere ogni tanto ad una pubblica impiccagione per mantenerci nel terrore, riducono presto i deportati alla più completa obbedienza.

Eseguiamo tutti gli ordini, perfino quello di andare a raccogliere un berretto gettato da un *kapò* sul filo spinato percorso da corrente ad alta tensione che recinge il campo.

È un ordine di morte, ma è meglio obbedire subito perché è una morte svelta e dolce; altrimenti si corre il rischio di finire con un'altra morte, somministrata lentamente fra torture che terrorizzano.

Annegare in un secchio, per esempio, con la testa premuta dentro da una mano omicida, talvolta amica; quella di un compagno disperato che obbedisce all'ordine soltanto per sopravvivere.

Bastano così poche SS e qualche centinaio di *kapò* per sorvegliare ed uccidere decine di migliaia di prigionieri.

Nella seconda metà di aprile folti gruppi di deportati verranno condotti dal campo 3 nella camera a gas.

Tutti saranno consapevoli della loro tragica fine, perché da tempo vivono nel campo e sanno bene a quale uso è adibito il fabbricato in muratura con quei lunghi camini che spargono al vento ciò che rimane di noi. Eppure, le vittime, nude, con una coperta sulle spalle, si avvieranno rassegnate verso il loro tragico destino.

Giovanni Grasso, siciliano salvato con uno stratagemma da Peppino Pugliesi quando ormai è incolonnato verso la camera a gas, è sopravvissuto a questa esperienza. È rimasto inebetito[6] per parecchio tempo.

Alle nostre menti si affacciano confusi interrogativi: perché ci trattano con tanta ferocia? I nazi avevano forse il diritto di fucilarci, perché loro nemici, non quello di ucciderci dopo averci abbruttiti, torturandoci con questa vita infame, organizzata sadicamente[7] in ogni dettaglio.

Perché poi subiscono la nostra medesima sorte migliaia di rastrellati senza colpa, bambini, donne e vecchi, ebrei e zingari?

Nella baracca 24 il morale di noi nuovi arrivati è a terra. Vestiti di cenci, affamati, assetati, gelati per le lunghe ore che ci fanno trascorrere all'aperto per i due appelli giornalieri, stiamo seduti sul pavimento in silenzio quando non ci deprimiamo a vicenda con

**4. *fustigazioni***: colpi dati con una frusta.
**5. *futili***: di poco conto.
**6. *inebetito***: istupidito, imbambolato.
**7. *sadicamente***: con piacere, provando gusto a fare del male.

delle paurose notizie. Ogni tanto qualche animoso tenta di distoglierci dalla realtà raccontando storielle allegre che forse altrove ci avrebbero fatto ridere, ma qui ci lasciano nel gelo.

Vi sono dei russi e dei polacchi con noi, purtroppo non ci comprendiamo e restiamo perciò in silenzio a guardarci in faccia, ogni tanto una parola e molti gesti: *polsky – rusky – italiana* – no, italiano – *partizan* – partigiano – *Hitler kaputt* – uno – due, tre mesi – noi – tu – tu ed io – *nazad* – casa – mangiare – bere.

– Quindi *nazad* – dice Ferruccio Sala – vuol dire ritornare o indietro.

Poi scopriamo che Eridano Bazzarelli, un ragazzo di Milano timido e riservato, conosce un poco il russo.

È lui che inizia i contatti con i deportati sovietici; noi ci affolliamo intorno perché domandi mille cose, ansiosi come siamo di avere notizie di quel lontano paese.

Eridano allaccia così amicizia con un professore di nome Purvar, insegnante di inglese all'Università di Mosca. Da questo amico avrà aiuto dopo pochi giorni quando all'aperto, da ore sull'attenti per l'appello della sera, sviene per il freddo intenso.

Il professor Purvar lo tiene in piedi, lo copre con il suo giaccone pesante e glielo lascia fino a quando Eridano parte, assieme ad Enrico Chilò, destinato al *kommando* di Grein.

Con i miei compagni di viaggio, gli amici della Brianza e di Sesto, rimango soltanto dieci giorni.

Non è consigliabile finire all'ospedale, al *revier* come lo chiamano qui, perché nella realtà funziona semplicemente come anticamera del crematorio.

A Mauthausen non è il caso di ammalarsi.

I *kapò* ripetono spesso che non siamo in un sanatorio. Non ammettono quindi malati; superato il periodo di quarantena, chi non lavora deve morire. Non conoscono l'esistenza di malattie che non provochino almeno 39 gradi di febbre.

Chi chiede riposo senza raggiungere tale temperatura è un simulatore[8] e deve essere punito.

Un vero malato ha il dovere di morire ed in ciò viene aiutato.

È quindi con terrore che mi accorgo di avere la febbre alta, cerco inutilmente di nasconderla.

Il 20 gennaio, l'organizzazione del *lager* ha deciso di fotografare noi tutti della baracca 24.

Possiamo considerare finita la preparazione spirituale e fisica, ci ritengono ormai maturi per essere inviati nei numerosi *kommando* di lavoro disseminati un po' dovunque qui in Austria.

**8. *simulatore***: colui che finge.

Alle cinque del mattino ci mandano all'aperto; un solo apparecchio deve fotografare uno per volta cinquecento uomini.

Impiega tutta la giornata.

Il freddo è intenso, tremo e batto i denti, ogni tanto svengo.

Brunelli si toglie la giacca e me la mette sulle spalle. Marchand, Silva, Sala, Tralci, Ortolani mi stanno vicini, cercando di scaldarmi con il loro affetto, Parisio ed Elli mi massaggiano, trovano perfino il modo di accordarsi con un fotografo perché mi trattenga nella baracca, al riparo dal freddo, il più a lungo possibile.

Serve soltanto ad attenuare le sofferenze per qualche ora.

Alla sera verso le sei, dopo tredici ore di gelo, ci rimandano nella nostra baracca. Non riesco a scaldarmi neppure la notte appiccicato a due miei compagni.

Al mattino successivo supero la prova della febbre e vengo destinato al *revier*.

Gli amici nascondono le lacrime, vedo dai loro sguardi che sono condannato a morte, nei loro occhi leggo un addio definitivo.

Ancora attraverso i vetri mi salutano con cenni, con le mani che si stringono.

da V. Pappalettera, *Tu passerai per il camino*,
Mursia, Milano 1965

## COMPRENSIONE

**1. Qual è lo scopo dell'internamento in un lager?**

- ☐ Far lavorare i prigionieri per avere a disposizione manodopera gratuita.
- ☐ Separare i diversi e i pericolosi dal resto della popolazione.
- ☐ Uccidere coloro che si oppongono al regime o appartengono a culture diverse.

PUNTI ........ /1

**2. In che modo vengono differenziati i prigionieri che sono rinchiusi per motivi diversi?**

........................................................................................................ PUNTI ........ /1

**3. Completa la tabella con le informazioni relative alle condizioni di vita dei reclusi.**

| | |
|---|---|
| **Cibo** | |
| **Vestiario** | |
| **Riposo** | |
| **Trattamento da vivi** | |
| **Destinazione dei cadaveri** | |

PUNTI ........ /5

**4. Chi sono i *kapò* e qual è il loro ruolo nel campo?**

........................................................................................................ PUNTI ........ /2

**5. Come vengono eliminati coloro che non muoiono di stenti o percosse? Secondo te, perché non vengono fucilati?**

........................................................................................................ PUNTI ........ /2

**6. Che cos'è il *revier*?**

- ☐ Una baracca dove dormire al caldo.
- ☐ Un'infermeria.
- ☐ Una camera a gas.

PUNTI ........ /1

## ANALISI

**7. Per quale motivo i deportati non vengono uccisi direttamente in patria?**

- ☐ Perché i nazisti hanno vergogna di quello che stanno facendo.
- ☐ Perché troppe fucilazioni farebbero insorgere le popolazioni occupate dai nazisti.
- ☐ Perché prima di ucciderli li sfruttano come manodopera gratuita.

PUNTI ........ /1

**8. I prigionieri, pur essendo in tanti, non si ribellano. Rintraccia nel testo le motivazioni riportate dall'autore.**

.................................................................................................................................... PUNTI ........ /2

**9. Riassumi brevemente l'episodio che dimostra come si possa conservare un minimo di dignità umana aiutandosi a vicenda.**

....................................................................................................................................

....................................................................................................................................

.................................................................................................................................... PUNTI ........ /2

**10. Quali sono i sentimenti dei compagni del protagonista quando questi viene ricoverato?**

- ☐ Sono tristi perché pensano che non uscirà vivo.
- ☐ Sono contenti perché finalmente si può curare.
- ☐ Sono invidiosi perché si può riposare. PUNTI ........ /1

**11. Per quale motivo in più punti Pappalettera riporta i nomi precisi degli amici?**

....................................................................................................................................

.................................................................................................................................... PUNTI ........ /1

**12. L'autore, alla luce dell'esperienze vissuta, si pone due domande; sottolineale nel testo e commentale.**

PUNTI ........ /4

## LESSICO

**13. Il verbo *allacciare* nell'espressione *allacciare un'amicizia* è usato in senso figurato; spiegane il significato.**

.................................................................................................................................... PUNTI ........ /1

**14. Inventa una frase in cui la stessa voce verbale venga usata in senso proprio.**

.................................................................................................................................... PUNTI ........ /1

**15. Indica di che tipo sono i complementi in corsivo.**

- ☐ Il fisico viene indebolito *dalla fame*.
- ☐ Il cervello è annebbiato *per lo scarso riposo*.
- ☐ Riducono *i deportati alla più completa obbedienza*.
- ☐ Un berretto gettato *da un kapo sul filo spinato*. PUNTI ........ /6

## VALUTA I RISULTATI

- **Ho trovato difficoltà nella lettura del testo:**
  ▢ sì. ▢ no.
- **Le difficoltà si riferiscono:**
  ▢ alla comprensione dei fatti. ▢ alla comprensione del messaggio.
  ▢ alla comprensione del lessico. ▢ alla conoscenza del genere.
- **Ho trovato difficoltà nella comprensione delle consegne degli esercizi:**
  ▢ sì. ▢ no.
- **Le difficoltà si riferiscono:**
  ▢ alla comprensione dei termini. ▢ alla comprensione del lavoro da svolgere.
- **Ritengo complessivamente la mia prova:**
  ▢ positiva. ▢ buona. ▢ accettabile. ▢ incerta. ▢ scadente.

VALUTAZIONE

**Totale punti** .................. **/ 31** **Percentuale** .................. **/ 100**

Cognome

Nome

Classe

Data

**Abilità e Conoscenze**

- Ricavare informazioni dal testo
- Individuare il tema principale del testo
- Comprendere il punto di vista dell'autore e lo scopo della sua comunicazione

# Giappone: il drago

La stanza è immersa nel buio e solo una lampada snodabile da tavolo proietta una chiazza di luce sopra la scrivania. Nel piccolo ovale illuminato, la mano di un bambino giapponese traccia geroglifici con il pennellino da calligrafia, silenziosamente.

– La prego, non lo distragga, – mi scongiura a bassa voce la madre, con una nota di durezza più forte della sua cortesia di ospite.

La manina continua a disegnare i segni dei geroglifici, che sono le lettere dell'alfabeto giapponese, e la madre chiude morbidamente la porta alle nostre spalle, per tenere lontani i rumori e le voci degli ospiti nel soggiorno.

– Mi scusi, ma che sta facendo suo figlio?

– Ma come "che sta facendo", – mi risponde stupita – i compiti per domani, no?

– I compiti? – Guardo l'orologio: è l'una passata. L'una di notte. – E quando dorme? – mi permetto di chiedere. – Dorme quando può, – taglia corto la signora, gentilmente, ma fermamente, spingendomi fuori dalla camera del bambino. Benvenuti in Giappone.

Ormai sappiamo tutti, anche senza volerlo, che il Giappone è diventato una "grande potenza industriale", una nazione che produce enormi quantità di cose bellissime e moderne vendute in tutto il mondo. Anche chi non si è mai mosso di un chilometro dalla propria città e dalla propria casa, è stato in qualche modo "toccato" dalle lunghe mani della potenza giapponese.

L'orologio digitale che portiamo al polso, il televisore che guardiamo a casa, la radiolina portatile, il registratore, lo stereo, il motorino elettrico che fa funzionare l'aspirapolvere, il cervellino elettronico nascosto che regola il motore dell'auto, sono con ogni probabilità prodotti giapponesi, anche quando l'etichetta o la marca sembrano diversi.

Nomi come Sony, Honda, Panasonic, Toshiba, Hitachi, Seiko, Citizen, Sanyo, Toyota, Nintendo, solo per citarne qualcuno, sono entrati nel vocabolario e nelle case di tutto il mondo, dall'Italia alle Filippine, dalla Cina alla Russia.

Come trent'anni or sono si diceva dell'Italia, così oggi si parla di un "miracolo giapponese". Una nazione che nella Seconda guerra mondiale aveva perduto due milioni di soldati e un milione di civili, che aveva visto la sua capitale Tokyo andare interamente in fiamme in una sola notte di bombardamenti incendiari (morirono

180.000 persone) e altre due, Hiroshima e Nagasaki, polverizzate in pochi secondi dalla bomba atomica, è divenuta in quarant'anni appunto una "grande potenza" industriale.

E al centro di questo "miracolo" c'è quella piccola chiazza ovale di luce proiettata sulla scrivania di un bambino all'una di notte. Ci sono la fatica, l'impegno, la disciplina di un popolo che per uscire dalle macerie[1] – e dalla vergogna – di una guerra, non ha chiesto aiuto alla fortuna o elemosine agli altri paesi, ma ha pescato nella sola risorsa che in Giappone abbonda: la capacità dei singoli di sacrificarsi per il bene di tutti.

Un sacrificio che comincia dai bambini: in quella stanzetta semibuia dove vedevo la manina tracciare le parole alla una di notte.

– Come ti chiami? – chiesi al bambino che faceva i compiti.

– Taro.

– Quanti anni hai?

– Undici. E mezzo, – si affrettò ad aggiungere.

– Che classe fai?

– La sesta, – l'ultima delle sei classi elementari, seguite poi da tre medie, obbligatorie, e tre di scuola superiore.

– Mi racconti come passi la tua giornata, Taro?

Si sveglia alle 6 e 30 del mattino, e non c'è bisogno di un grande matematico per fare subito il conto: se alla una è ancora sveglio a fare i compiti, non dorme più di cinque ore per notte. Una pacchia.

– Ma non hai sonno durante il giorno?

– Beh sì, molto, – rise Taro scuotendo il testone fitto di capelli dritti e neri, – ma il sonno mi passa quando penso a tanti dei miei compagni di scuola che si alzano alle 5 del mattino per fare ancora un po' di compiti e per ripassare le lezioni. La mia mamma mi lascia dormire di più. – Una santa, quella donna.

Taro frequentava una scuola privata, costosa, scelta con cura dalla madre e pagata con grande sacrificio dalla famiglia che non era certo ricca ma sa che non basta andare bene a scuola, per fare carriera domani. Bisogna frequentare le scuole migliori, fin dall'asilo, per essere ammessi alle università migliori e poi avere i buoni posti di lavoro.

– Per arrivare a scuola devo prendere due metrò, in tutto sono 50 minuti di corsa.

– Che seccatura.

– Ma no, ci divertiamo un sacco, corriamo sui marciapiedi, ci diamo spinte, qualche volta pestiamo i piedi alla gente nei vagoni del metrò. – Talmente pieni, a quell'ora, che sul marciapiede ci sono incaricati speciali che devono letteralmente spingere i passegge-

*1. macerie*: rovine.

ri dentro le porte per farcene stare qualcuno in più, come si fa con le valigie nel portapacchi quando si parte per il mare.

La scuola comincia alle 8 e 50 e va avanti per quattro ore prima dell'intervallo. Ogni giorno, si fanno due ore di lingua giapponese, che è lo studio, durissimo, dei *kanji*, i caratteri complicatissimi dell'alfabeto cinese che anche i giapponesi usano. È uno studio che comincia in prima elementare e in pratica non finisce mai. Solo per leggere un giornale, è necessario conoscere circa 1500 di questi "ideogrammi"[2] e una persona colta, un avvocato, uno scrittore, un medico, deve impararne 20000.

Pensate: per leggere un libro come questo in giapponese, dovreste conoscere 20000 lettere. E voi vi lamentate.

Per fare un confronto, nel nostro alfabeto latino, il vecchio, caro "A, B, C", ci sono solo 21 lettere, 26 se vogliamo aggiungere le lettere entrate nell'uso anche da noi, come "j", "k", "x", "y" e "w".

Dopo le due ore immancabili di giapponese e dello studio – tutto a memoria – di migliaia e migliaia di geroglifici, arriva un'ora di matematica, tutti i giorni, severissima. Anche per questo gli scolari giapponesi risultano sempre fra i migliori nel mondo quando si fanno confronti e concorsi internazionali di matematica; poi c'è un'ora di "scienze sociali", materia un po' vaga sotto la quale si fanno storia, geografia, politica, etnologia che è lo studio dei popoli.

A mezzogiorno e mezzo arriva l'*obento*, la colazione che passa la scuola nel refettorio.

Riso con pesce, riso con carne, riso con verdure, riso con alghe, riso con questo e riso con quello, sempre riso, che è la base di tutta l'alimentazione giapponese, come per noi è la pasta.

– E non ti scocci del riso, Taro?

– Sì, mi piacciono più gli spaghetti e la pizza, – confessò, ma subito aggiunse: – Non lo dica alla mamma, per favore. – Giuro.

Digerito il riso, arrivano altre due ore di scuola al pomeriggio. Un'ora di – indovinate? – giapponese, un'ora di scienze. Poi a casa.

– A casa? – mi guardò stupito Taro. – No, no, prima di uscire dalla scuola dobbiamo naturalmente pulire. Scopiamo i pavimenti delle aule, mettiamo in ordine i gabinetti, spolveriamo i banchi…

– Aspetta un momento. Come sarebbe a dire "puliamo i gabinetti"? Gli scolari stessi puliscono la propria scuola?

– Certo, – mi rispose Taro tornandomi a guardare come se fossi matto, – è ovvio, perché? Gli scolari nel suo paese non puliscono la scuola prima di uscire? – È già molto se non la sporcano, ma andiamo avanti.

**2. *ideogrammi***: si tratta di segni di tipo geometrico che costituiscono un particolare alfabeto.

Tra giapponese, matematica, riso e pulizie si fanno le 4 del pomeriggio.

Gli scolari si rituffano nel metrò, cambiano treno, camminano (nessuno va a prendere i figli in auto, non nel traffico congestionato[3] di Tokyo) e tornano allegramente a scuola. Anzi, al doposcuola.

Alle 5 del pomeriggio comincia lo *juku*, il corso di ripetizioni integrative, a pagamento, al quale tutti i genitori che possono, o che vogliono, mandano i figli. L'"Obiettivo" è prepararli fin da piccoli, fino dalle elementari, alla prova cruciale che deciderà della loro vita di adulto: l'esame di ammissione alle università.

Tutti gli ordini e i gradi di scuole private, dalle elementari fino all'università hanno esami di ammissione per entrarci. Quelle pubbliche, di Stato, no, e ci si entra per forza. Nessuno viene mai bocciato, tutti sono promossi e, se la cosa vi sembra una cuccagna[4], aspettate.

Poiché tutti sono promossi (a meno di gravi infrazioni disciplinari che possono causare l'espulsione) i voti e i diplomi non contano nulla. Quello che conta è "dove" questi voti e questi diplomi sono stati presi, in quale scuola. Se la scuola è buona, famosa, severa, i voti e i diplomi conteranno per andare avanti ed essere accettati in altre buone scuole. Se la scuola è mediocre, facile, di cattiva fama, anche i suoi diplomi e voti saranno considerati scadenti e si potrà entrare solo in altre scuole scadenti.

Ma neppure un "buon" diploma basta. Occorre comunque passare attraverso la porticina strettissima e crudele degli "esami di ammissione". Da noi, in Italia, gli esami si fanno soprattutto per "uscire", alla fine. In Giappone, gli esami si fanno per "entrare". E sono esami terribili, senza spazio per improvvisazioni o colpi di fortuna. Soprattutto gli ultimi, gli esami di ammissione alle grandi università, costringono i candidati a rispondere per iscritto a centinaia e centinaia di domande concrete, fatti, date, formule, nozioni e i voti vengono dati contando il numero delle risposte corrette e di quelle sbagliate. Punto e basta. Chi sa di più passa. Chi sa di meno torna indietro.

I doposcuola – gli *juku* – non fanno altro che imbottire la testa degli allievi, fin da quando hanno cinque o sei anni, con altre nozioni, trapanandogli il cervello con sempre più informazioni. Ai più bravi, gli insegnanti mettono una fascia bianca attorno alla fronte, come simbolo di sacrificio, dedizione, vittoria, come la fascia che portavano i *kamikaze*, i piloti degli aerei-suicida che cercavano di colpire le navi nemiche, americane, precipitandovi sopra e uccidendosi.

***3. congestionato***: caotico.
***4. cuccagna***: luogo di divertimento.

Al primo cenno di esitazione, alla prima caduta dei voti, gli tolgono la fascia. A Taro fu tolta proprio pochi giorni prima che gli parlassi io. – Che è successo? – gli chiesi. – Avevo perso un giorno di lezione, una domenica, – mi rispose abbassando gli occhi neri dentro una faccia arrossata dalla vergogna, – perché ero andato a sciare con mio padre. Chi va a sciare non è un eroe e non merita la fascia del *kamikaze*, mi aveva detto il maestro.

Meglio uno sciatore vivo che un *kamikaze* morto, secondo me, ma io sono italiano e Taro era disperato sul serio.

da V. Zucconi, *Stranieri come noi*, Einaudi, Torino 1993

## ABILITÀ

### COMPRENSIONE

1. **Indica quale tipo di scuola e quale classe frequenta Taro.**

   ........................................ PUNTI ...... /2

2. **Nel brano sono citati vari tipi di prodotti elettronici fabbricati in Giappone; trascrivine almeno tre.**

   ........................................ PUNTI ...... /3

3. **L'autore cita anche alcune delle esperienze più drammatiche vissute dal Giappone durante la Seconda guerra mondiale: individuale e trascrivile.**

   ........................................ PUNTI ...... /3

4. **Com'è organizzato il sistema scolastico giapponese? Descrivilo in breve, ricostruendolo grazie alle informazioni che dà Taro e alle spiegazioni dell'autore.**

   ........................................

   ........................................ PUNTI ...... /4

5. **Nel testo sono citati anche alcuni termini della lingua giapponese. Individuane e riferiscine almeno tre, di ciascuno dei quali proporrai una breve spiegazione, ricavandola dal testo stesso.**

   ........................................

   ........................................ PUNTI ...... /3

ANALISI

6. **L'autore osserva che il Giappone ha saputo riprendersi dalla tragedia della Seconda guerra mondiale soprattutto:**
   - ▢ grazie alle risorse naturali di cui il Paese è ricco.
   - ▢ grazie agli aiuti internazionali.
   - ▢ grazie al lavoro e al sacrificio dei suoi abitanti.

PUNTI ...... /1

7. **Spiega la ragione per cui l'autore dice che lo studio della lingua giapponese, in pratica, *non finisce mai.***

..............................................................................................................................

PUNTI ...... /1

8. **Indica, fra le seguenti, le due discipline particolarmente privilegiate nel programma di insegnamento.**

| Lingua giapponese - educazione fisica - lingua inglese - matematica - educazione musicale |
|---|

PUNTI ...... /2

9. **Sulla base di quello che hai letto, puoi affermare che la didattica della scuola giapponese punti in particolar modo:**
   - ▢ a sviluppare il ragionamento critico del bambino.
   - ▢ alla memorizzazione di dati e di nozioni.
   - ▢ alla promozione della manualità e della creatività.

PUNTI ...... /1

10. **I giovanissimi alunni, oltre che studiare, devono anche provvedere a un ulteriore compito. Quale?** ..............................................................................

PUNTI ...... /1

11. **L'autore osserva che un'ulteriore, notevole differenza fra il sistema scolastico giapponese e quello italiano riguarda gli esami. Spiega in che cosa consiste tale diversità.**

..............................................................................................................................

..............................................................................................................................

PUNTI ...... /1

12. **Il brano di Zucconi si presenta come un insieme di diversi tipi di testo; riconosci quelli che vi si possono individuare.**
   - ▢ Testo descrittivo.
   - ▢ Intervista.
   - ▢ Romanzo.
   - ▢ Testo argomentativo.
   - ▢ Novella.

PUNTI ...... /5

**13. A tuo parere quali, fra le seguenti interpretazioni, rappresentano più esattamente l'opinione dell'autore circa il sistema scolastico giapponese?**

- ▢ Zucconi condivide completamente l'impostazione della scuola giapponese.
- ▢ Zucconi apprezza la serietà con cui i ragazzi guardano alla scuola e ai suoi adempimenti.
- ▢ Zucconi ritiene che una scuola di questo tipo dovrebbe essere realizzata anche in Italia.
- ▢ Zucconi sottolinea la capacità della scuola giapponese di preparare bene i suoi studenti.
- ▢ Zucconi esprime delle perplessità circa l'eccessivo impegno richiesto ai ragazzi dal sistema scolastico giapponese.

PUNTI ........ /5

**14. A tuo parere, lo scopo del testo di Zucconi è quello di:**

- ▢ informare il lettore circa un sistema scolastico diverso da quello italiano.
- ▢ elogiare il governo giapponese che ha costruito un efficiente sistema formativo.
- ▢ evidenziare realtà differenti che invitano il lettore alla riflessione e al confronto.

PUNTI ........ /1

## LESSICO

**15. L'espressione *tagliare corto* significa:**

- ▢ camminare speditamente.
- ▢ prendere una scorciatoia.
- ▢ esprimersi in poche parole.

PUNTI ........ /1

**16. L'autore cita *le lunghe mani* della potenza economica giapponese. Che cosa significa tale espressione? Ricava la spiegazione dal contesto in cui è inserita.**

...........................................................................................................................

........................................................................................................................... PUNTI ........ /1

**17. Quali dei seguenti aggettivi, a tuo parere, possono essere riferiti al sistema scolastico giapponese, stando alle osservazioni proposte dall'autore e da Taro?**

| Selettivo - costoso - gratuito - permissivo - impegnativo - facile |
|---|

PUNTI ........ /3

**18. Oltre all'*etnologia* citata nel testo, altri tipi di scienze terminano col suffisso *logia*; riferiscine almeno tre.**

........................................................................................................................... PUNTI ........ /3

**19. Se di una prova si dice che è *cruciale* significa che:**

- ▢ è imminente.
- ▢ è abbastanza facile
- ▢ è difficile e decisiva.

PUNTI ........ /1

## VALUTA I RISULTATI

- **Ho trovato difficoltà nella lettura del testo:**
  ☐ sì. ☐ no.
- **Le difficoltà si riferiscono:**
  ☐ alla comprensione dei fatti. ☐ alla comprensione del messaggio.
  ☐ alla comprensione del lessico. ☐ alla conoscenza del genere.
- **Ho trovato difficoltà nella comprensione delle consegne degli esercizi:**
  ☐ sì. ☐ no.
- **Le difficoltà si riferiscono:**
  ☐ alla comprensione dei termini. ☐ alla comprensione del lavoro da svolgere.
- **Ritengo complessivamente la mia prova:**
  ☐ positiva. ☐ buona. ☐ accettabile. ☐ incerta. ☐ scadente.

VALUTAZIONE

**Totale punti** ............ **/ 42** **Percentuale** ............ **/ 100**

Cognome

Nome

Classe

Data

**Abilità e Conoscenze**

- Le problematiche legate all'attualità
- Il concetto di legalità nella società moderna
- Individuare il tema principale di un testo
- Sostenere il proprio punto di vista in relazione all'argomento trattato
- Inserire l'argomento nel contesto storico e culturale

# Imprenditore soffocato dall'usura e dal pizzo: 'voglio morire'

*Finito sul lastrico[1] a causa della camorra, minaccia di uccidersi: "Non mi resta più niente, voglio morire con dignità".*

Aveva cinque negozi, tre di abbigliamento e due di mobili, dava lavoro a 19 persone. Poi l'acquisto di una bella casa: poteva dirsi un uomo vincente. E, invece, quell'appartamento è stata la sua rovina, perché dopo l'acquisto cominciarono le richieste di estorsione, quotidiane e violente.

"Una mattina trovai le serrande di tutti i miei esercizi forate da colpi di arma da fuoco, fu quello il primo segnale dell'inizio della fine".

Inizialmente l'imprenditore riuscì ad affrontare le richieste di pizzo[2], ma con il passare degli anni divennero più esose[3] e asfissianti, costringendolo a rivolgersi agli aguzzini. Alla ragnatela del pizzo, si unì quella dell'usura[4]. "Segnò la nostra fine – ha raccontato – perché erano tutt'uno con i malavitosi che ormai ci stavano rendendo la vita un incubo".

Non riuscendo a coprire le richieste di denaro, si è visto costretto a cedere mobili (usati dai camorristi per arredare le proprie abitazioni). Poi la volta degli immobili "Agli usurai ho dovuto cedere tre appartamenti." aggiunge affranto l'imprenditore, "ho chiesto prestiti alle banche le quali, appena venivano a conoscenza della mia condizione mi chiudevano i rubinetti. Agli espropri[5] presero parte anche i malavitosi che vantavano crediti nei miei confronti frutto di prestiti concessi a tassi del 30% al mese".

Dopo la denuncia alla Procura, ha cercato di riprendere l'attività di imprenditore, senza riuscirci. "Adesso vivo di carità, - ha confidato - in particolare grazie all'aiuto del sindaco che ormai mi fa anche la spesa e del presidente di un'associazione antiracket e antiusura il quale mi ha messo a disposizione il legale della sua organizzazione". Ieri l'annuncio disperato del gesto estremo: "Ho perso tutto, immobili, case e negozi e ora non mi resta che la dignità, che voglio difendere strenuamente[6]. Piuttosto che finire in mezzo alla strada preferisco levarmi la vita perché ritengo che sia meglio una morte dignitosa che una esistenza squallida".

adattato da R. Tarantino, "ilmediano.it", 19. 05. 2010

1. ***finito sul lastrico***: ridotto in povertà.
2. ***pizzo***: richiesta di denaro, ricatto.
3. ***esose***: avide, ingorde.
4. ***usura***: prestito di denaro a interessi molto alti.
5. ***espropri***: confische, privazione di un bene.
6. ***strenuamente***: ostinatamente, coraggiosamente.

# Usura: quando il "credito" è nero

In un contesto socio-economico di difficoltà, come è quello attuale, i fenomeni di "sofferenza[1]" delle famiglie italiane tendono ad aumentare: il 28,6% delle famiglie non ha un reddito mensile tale da consentire di arrivare alla fine del mese; il 42,9% può sostenere economicamente le proprie esigenze di consumo solo utilizzando i propri risparmi; il 23,3% e il 18,1% delle famiglie, rispettivamente, dichiarano difficoltà nel pagamento delle rate del mutuo[2] e del canone di affitto (Rapporto Italia 2010).

Tali fenomeni di "sofferenza" coinvolgono, allo stesso modo, il sistema produttivo italiano e, in particolare, il sistema delle piccole e medie imprese, che rappresentano oltre il 99% delle imprese attive in Italia.

Un ulteriore indicatore di "sofferenza" delle famiglie e delle imprese italiane è costituito dalla diffusione del fenomeno dell'usura che è solo in parte quantificabile sulla base del riscontro giudiziario[3] delle denunce, come dimostra la differenza sostanziale tra il numero di queste ultime e quello del numero di richieste di assistenza e aiuto rivolte agli osservatori privilegiati, quali le Fondazioni Antiusura o le stesse associazioni di categoria. Tale differenza è dovuta principalmente alla ridotta propensione di famiglie e imprese a denunciare alle Autorità giudiziarie i casi di usura.

L'Eurispes ha evidenziato come la totalità delle province con un Indice di Rischio Usura classificato come "Alto" e "Medio-Alto" appartengono al Mezzogiorno.

La maggiore vulnerabilità[4] di questo territorio rispetto al resto d'Italia trae origine dalla persistenza, a livello regionale e provinciale, di talune condizioni che si ritiene favoriscano il diffondersi del fenomeno dell'usura, tra cui: l'elevato tasso di disoccupazione; il PIL pro-capite[5] notevolmente inferiore rispetto alla media nazionale; la diffusione della criminalità; le crescenti difficoltà economiche di famiglie e imprese; la minore presenza di banche sul territorio e le difficili condizioni di accesso al credito.

Nel corso degli anni l'Eurispes ha affrontato il complesso fenomeno dell'usura nel nostro Paese contribuendo, con le sue analisi, a evidenziare i risvolti economici e sociali sottesi a questa pratica criminale che consiste nel fornire prestiti a tassi di interesse considerati illegali, socialmente riprovevoli[6] e tali da rendere il loro rimborso molto difficile o impossibile, spingendo perciò il debitore ad accettare condizioni capestro[7] poste dal creditore a proprio vantaggio (co-

**1 sofferenza**: in questo contesto significa che le famiglie non sono in grado di far fronte alle loro spese.
**2 rate del mutuo**: il mutuo è un contratto con una banca che concede un prestito che va restituito a rate, cioè un po' per volta.
**3 riscontro giudiziario**: verifica attraverso il numero di processi.
**4 vulnerabilità**: debolezza, fragilità.
**5 PIL pro-capite**: prodotto interno lordo suddiviso per ogni cittadino di uno stato.
**6 riprovevoli**: vergognosi, intollerabili.
**7 capestro**: corda che viene usata per impiccare, in questo contesto condizioni svantaggiose.

me, ad esempio, la vendita ad un prezzo particolarmente vantaggioso per il compratore di un bene di proprietà del debitore) oppure il creditore a compiere atti illeciti ai danni del debitore per indurlo a pagare. O ancora, inducono il debitore a comportamenti illeciti per reperire le risorse necessarie a liberarsi dall'ipoteca[8] dell'usuraio.

Di solito le vittime dell'usura sono famiglie e aziende in difficoltà economiche, alle quali è precluso[9] il credito bancario. Questi soggetti trovano credito presso canali non ufficiali. L'incapacità dell'attuale sistema bancario di farsi carico delle difficoltà delle famiglie è stato anche registrato nel corso dell'ultima indagine dell'Eurispes all'interno del Rapporto Italia 2010, dalla quale è emerso che le banche sono considerate dai cittadini come soggetti cui rivolgersi per far fronte a spese altrimenti insostenibili per il proprio reddito e risparmio, ma non in grado di farsi carico pienamente dei loro problemi o delle loro necessità.

Quella che emergere è un'Italia scettica[10] quando non apertamente critica dell'operato delle banche. Relativamente all'onerosità dei prestiti bancari, il giudizio degli italiani è decisamente negativo, dal momento che la maggioranza di coloro che ha avuto accesso al credito bancario negli ultimi tre anni ritiene che il tasso di interesse applicato sia alto. Uno su tre ritiene, viceversa, che il tasso di interesse applicato al prestito bancario concesso sia adeguato e poco più di uno su dieci che sia contenuto.

Il 55,2% degli intervistati è inoltre molto convinto che le banche diano credito solo a chi dimostra già di possedere beni, mentre il 33,6% ne è comunque abbastanza convinto. Il 47,7% è molto convinto del fatto che le banche siano troppo esose, mentre il 36,4% ne è abbastanza convinto.

adattato da "Eurispes"

*8 ipoteca*: bene che viene ceduto a chi ha prestato il denaro se chi l'ha ricevuto non è in grado di restituirlo.
*9 precluso*: impedito, vietato.
*10 scettica*: non ottimista, dubbiosa.

## ABILITÀ

### COMPRENSIONE

1. **Che professione svolgeva il protagonista dell'articolo?**

   ........................................ PUNTI ...... /1

2. **Qual è stato il primo avvertimento per indurlo a pagare il pizzo?**

   ........................................ PUNTI ...... /1

3. **Quale avvenimento apparentemente banale ha suscitato l'interesse dei malavitosi nei suoi confronti?**

........................................................................................ PUNTI ...... /1

4. **Inizialmente a chi decide di rivolgersi l'imprenditore per far fronte al ricatto?**
   - ▢ Ai Carabinieri.
   - ▢ A degli amici che gli prestano del denaro.
   - ▢ A persone che gli prestano denaro ad usura. PUNTI ...... /1

5. **Che tipo di indagini svolge l'Eurispes?**

........................................................................................ PUNTI ...... /1

## ANALISI

6. **Sottolinea nell'articolo in rosso il titolo, in blu il sottotitolo, inventa un occhiello adatto.**

........................................................................................

........................................................................................ PUNTI ...... /3

7. **Spiega le motivazioni che spingono l'imprenditore a un gesto estremo.**

........................................................................................

........................................................................................ PUNTI ...... /1

8. **Evidenzia nel comunicato le difficoltà economiche che le famiglie incontrano e spiega le motivazioni che hanno portato a tali ristrettezze.**

........................................................................................

........................................................................................ PUNTI ...... /2

9. **Secondo lo studio Eurispes su quali elementi si basa l'indice di rischio usura?**

........................................................................................

........................................................................................ PUNTI ...... /2

10. **Perché i privati non si rivolgono alle banche in caso di prestiti?**

........................................................................................

........................................................................................ PUNTI ...... /1

11. **Per quale motivo gli illeciti contro gli imprenditori a volte possono favorire ulteriori azioni illegali?**

........................................................................................

........................................................................................ PUNTI ...... /1

LESSICO

**12.** **In base alle informazioni presenti nei due testi, spiega con tue parole la differenza tra *usura* e *pizzo*.**

..........................................................................................................

.......................................................................................................... PUNTI ........ /2

**13.** **Quale significato assume la parole *esercizi* riportata nella prima parte dell'articolo di cronaca?**

..........................................................................................................

.......................................................................................................... PUNTI ........ /1

**14.** **Come si potrebbe sostituire l'espressione *chiudevano i rubinetti* presente nell'articolo?**

- ▢ Interrompevano l'erogazione dell'acqua per evitare allagamenti.
- ▢ Non concedevano prestiti perché la persona era inaffidabile.
- ▢ Non concedevano prestiti perché la persona era un malavitoso. PUNTI ........ /1

**15.** **Un'immagine viene associata all'operato degli usurai; trovala nel testo e spiegane il nesso logico.**

..........................................................................................................

.......................................................................................................... PUNTI ........ /2

## Valuta i Risultati

- **Ho trovato difficoltà nella lettura del testo:**
  ▢ sì. ▢ no.
- **Le difficoltà si riferiscono:**
  ▢ alla comprensione dei fatti. ▢ alla comprensione del messaggio.
  ▢ alla comprensione del lessico. ▢ alla conoscenza del genere.
- **Ho trovato difficoltà nella comprensione delle consegne degli esercizi:**
  ▢ sì. ▢ no.
- **Le difficoltà si riferiscono:**
  ▢ alla comprensione dei termini. ▢ alla comprensione del lavoro da svolgere.
- **Ritengo complessivamente la mia prova:**
  ▢ positiva. ▢ buona. ▢ accettabile. ▢ incerta. ▢ scadente.

VALUTAZIONE

**Totale punti** ................ **/ 21** **Percentuale** ................ **/ 100**

VERIFICA SOMMATIVA 12

U17
La Terra un pianeta da salvare

Cognome

Nome

Classe

Data

**Abilità e Conoscenze**

- Comprendere il contenuto del testo
- Riconoscere i collegamenti logici
- Individuare il messaggio

# Una rivoluzione per salvare l'ambiente

Immaginate un futuro d'incessanti uragani e alluvioni, d'isole e regioni costiere densamente popolate inondate dall'innalzamento degli oceani, terreni un tempo fertili resi sterili da siccità e desertificazione, emigrazioni di massa di rifugiati per cause ambientali, conflitti e guerre per contendersi l'acqua e altre preziose risorse naturali.
E ora immaginate perché è possibile sperare un contesto migliore, con tecnologie rispettose dell'ambiente; città vivibili; abitazioni, mezzi di trasporto e industrie che sfruttano fonti alternative d'energia; e migliori standard di vita per tutti i popoli della Terra, non per una fortunata minoranza soltanto.

Scegliere tra queste due opposte visioni spetta a noi. Le attuali tendenze forse non sono del tutto incoraggianti, e ormai sappiamo abbastanza di problemi ecologici da temere il peggio. Tuttavia siamo ancora in tempo per allontanarci dall'orlo del peggio. Cosa ancora più importante, esiste un altro cammino da percorrere, migliore per i popoli, meno dannoso per l'ambiente e possibile grazie alle politiche, alle conoscenze e alle tecnologie oggi a nostra disposizione. L'umanità ha mosso i primi passi in questa migliore e più illuminata direzione. Scopo del *World Summit di Johannesburg sullo Sviluppo Sostenibile*[1] è far sì che questi primi passi in quella direzione continuino, che noi tutti ci mettiamo immediatamente e definitivamente in marcia.

Vivere in armonia con il nostro pianeta è una sfida antica quanto la stessa società umana. Poco più di due secoli fa, con la Rivoluzione Industriale, il rapporto tra l'umanità e la Terra è cambiato in maniera radicale. Utilizzando la nuova tecnologia del motore a vapore all'inizio del XIX secolo, e quella dei motori a combustione interna nel secolo appena conclusosi, l'umanità si è scoperta in grado di sfruttare su larga scala l'energia contenuta in combustibili fossili quali il carbone, il petrolio e il gas. Allo stesso tempo le straordinarie migliorie della produzione agricola, rese possibili dall'avvento in agricoltura della meccanizzazione, dei fertilizzanti e da un uso più funzionale dell'acqua, hanno spinto molte persone a lasciare le campagne per le fabbriche e le città. Il risultato di tutto ciò è stata una vera e propria rivoluzione degli standard di

***1. World Summit di Johannesburg sullo Sviluppo sostenibile*****:** Summit mondiale (cioè, incontro al vertice, tra Capi di Stato) sullo Sviluppo sostenibile, tenuto a Johannesburg (Sudafrica) tra agosto e settembre 2006. E' il seguito del Summit sulla Terra, che si è tenuto a Rio de Janeiro, nel 1992.

vita, una rivoluzione mai verificatasi precedentemente e che mai s'era immaginato fosse possibile.

Oggi ci occorre un'altra rivoluzione. Una rivoluzione intesa nel senso di una comune gestione del pianeta. Per troppo tempo troppe persone hanno creduto che i limiti naturali del benessere si fossero ormai raggiunti. Per troppo tempo troppe persone hanno confidato esclusivamente nelle conquiste della tecnologia come nell'unica e ineluttabile risposta a qualsiasi limitazione delle risorse o qualsiasi vulnerabilità potesse presentarsi.

Col tempo, tuttavia, a mano a mano che l'umanità si è andata ritrovando in territori inesplorati per quanto concerne lo sfruttamento dell'energia e la crescita della popolazione e, in particolare, a mano a mano che andava affiorando il naturale desiderio da parte dei popoli di condividere quella prosperità finora goduta da pochi abbiamo cominciato a capire i pericoli insiti nell'attuale modello di sviluppo. Ora che le foreste sono state abbattute, che le falde acquifere si sono prosciugate, che l'atmosfera è satura di sostanze tossiche e che gli oceani sono pressoché svuotati di pesci; ora che il clima ha iniziato a ritorcersi contro di noi, riflettendo il nostro dissoluto modo di vivere, il mondo comincia a vedere i pericoli delle attività umane nel suo complesso.

Le varie società del mondo stanno cercando di far sì che la crescita economica e la protezione dell'ambiente vadano di pari passo, e non siano in conflitto tra loro. Johannesburg mira a dare pari attenzione alla duplice aspirazione dello sviluppo sostenibile. Coloro che affermano di preoccuparsi per l'ambiente e al tempo stesso disdegnano ciò cui mira lo sviluppo non fanno altro che indebolire entrambe le cose. Perché per i più poveri dell'umanità, in particolare, sviluppo significa possibilità di nutrirsi, di andare a scuola, di curarsi, per sé e per i loro figli. Ma lo sviluppo che tiene in scarsa considerazione la sostenibilità, alla fine è solo autolesionistico. La prosperità costruita saccheggiando l'ambiente naturale non è affatto prosperità, è soltanto un rinvio temporaneo del disastro futuro. La questione non è in questi termini: ambiente contro sviluppo oppure ecologia contro economia. No, i due ambiti possono essere integrati. Non è questione di ricchi o poveri, tutti hanno interesse allo sviluppo sostenibile.

Le previsioni catastrofiche, i panorami apocalittici e gli scenari funesti non sono sufficienti ad ispirare i popoli affinché cambino le loro politiche o il loro modo di comportarsi quotidianamente. Ma non possiamo neppure sottovalutare i problemi che ci stanno di fronte, o pensare che lo sviluppo sostenibile si attuerà per conto proprio. All'alba di questo nuovo secolo dobbiamo fare una scelta. Abbiamo sia le risorse umane sia quelle materiali che occorrono per attuare uno sviluppo sostenibile, non un concetto astratto, ma una realtà tangibile. A Johannesburg i popoli dovranno essere uniti: per dimostrare la nostra appartenenza ad un destino comune, per dimostrare che affronteremo questa sfida seriamente, e infine per esercitare una maggiore responsabilità nei confronti di ciascuno di noi, degli altri e della Terra dalla quale dipendono il progresso e il benessere comuni.

adattato da K. Annan, su "La Repubblica", 27.08.2006

## ABILITÀ

### COMPRENSIONE

**1. Quali sono le due immagini del futuro, che l'autore presenta all'inizio del brano?**

**a.** ..............................................................................

..............................................................................

**b.** ..............................................................................

.............................................................................. PUNTI ...... /2

**2. Quando "è cambiato in maniera radicale" il rapporto tra l'umanità e la Terra?**

- ☐ Con l'apparizione dell'uomo sulla Terra.
- ☐ Con l'avvento della Rivoluzione industriale.
- ☐ Con l'avvento della Rivoluzione agricola.

PUNTI ...... /1

**3. Quali sono i combustibili fossili da cui l'uomo ha ricavato l'energia per lo sviluppo industriale?**

.............................................................................. PUNTI ...... /3

**4. K. Annan dice che, dopo quella industriale, serve un'altra rivoluzione. Che tipo di rivoluzione?**

..............................................................................

.............................................................................. PUNTI ...... /1

**5. Secondo K. Annan l'uomo ha cominciato a capire i pericoli insiti nell'attuale modello di sviluppo. Quali sono questi pericoli?**

........................................................................................................

........................................................................................................

........................................................................................................ PUNTI ....... /4

**6. Quando l'uomo ha cominciato a capire i pericoli insiti nell'attuale modello di sviluppo?**

- ▢ Nel momento in cui ha capito che la tecnologia non poteva più rispondere ai suoi desideri.
- ▢ Nel momento in cui si accorto che tale sviluppo comportava dei rischi per la sua stessa sopravvivenza.
- ▢ Nel momento in cui ha dovuto pensare anche agli abitanti del Terzo Mondo. PUNTI ....... /1

**7. A che cosa mira il Summit di Johannesburg?**

- ▢ A far sì che crescita economica e protezione dell'ambiente vadano di pari passo.
- ▢ A trovare le giuste soluzioni per l'ambiente naturale africano.
- ▢ A risvegliare la coscienza ambientalista del mondo. PUNTI ....... /1

**8. Che cosa significa, per i più poveri dell'umanità, la parola sviluppo?**

........................................................................................................

........................................................................................................ PUNTI ....... /1

**9. Che cosa può fare il Summit di Johannesburg per eliminare le disparità fra Paesi ricchi e Paesi poveri?**

- ▢ Conciliare gli interessi economici dei più ricchi con quelli dei più poveri.
- ▢ Conciliare lo sviluppo dell'ambiente con gli interessi dei petrolieri.
- ▢ Conciliare sviluppo e sostenibilità. PUNTI ....... /1

**10. Da che cosa dipendono il progresso e il benessere comuni?**

- ▢ Da una maggiore responsabilità individuale e collettiva nei confronti del nostro pianeta.
- ▢ Da una minore responsabilità individuale e collettiva nei confronti del nostro pianeta.
- ▢ Solo da una maggiore responsabilità dei governi. PUNTI ....... /1

## ANALISI

**11. Perché le due immagini del futuro presentate da K. Annan sono entrambe possibili?**

- ▢ Perché l'uomo ha la capacità tecnologica per affrontare le due sfide.
- ▢ Perché dipendono entrambe dalle scelte di oggi sull'ambiente.
- ▢ Perché il futuro non dipende solo dall'uomo, ma anche dalla natura.

**12. Perché, nonostante i problemi del pianeta, siamo ancora in tempo per allontanarci dal peggio?**
- ▢ Perché abbiamo a disposizione la tecnologia per garantire la salvezza del mondo.
- ▢ Perché ormai in ciascun cittadino si è formato un ideale ecologico per salvare il mondo.
- ▢ Perché le conoscenze e le tecnologie ci indicano un percorso migliore per i popoli e meno dannoso per l'ambiente.

**13. Perché l'uomo, circa due secoli fa, ha lasciato la campagna per andare in città?**

.......................................................................................................................

.......................................................................................................................

**14. Perché uno sviluppo che tiene in scarsa considerazione la sostenibilità è solo "autolesionistico"?**
- ▢ Perché danneggiando l'ambiente stiamo mettendo in pericolo tutta la vita sulla Terra.
- ▢ Perché stiamo consumando tutte le risorse del pianeta.
- ▢ Perché la natura si sta già ribellando all'inquinamento planetario.

**15. Perché la prosperità costruita sul saccheggio dell'ambiente naturale non è positiva?**
- ▢ Perché tiene conto solo di ciò che abbiamo bisogno oggi, senza pensare al futuro.
- ▢ Perché non tiene conto dello sviluppo ambientale.
- ▢ Perché la prosperità di alcuni porta necessariamente povertà per altri.

**16. Perché il concetto di sostenibilità deve tener conto dei poveri della Terra?**
- ▢ Perché non è giusto che i poveri vivano negli ambienti più degradati.
- ▢ Perché i poveri hanno il diritto di avere almeno il cibo e l'acqua.
- ▢ Perché non è giusto che pochi detengano la maggior parte dei beni della Terra.

**17. Perché, secondo K. Annan, non è corretto contrapporre i termini ambiente e sviluppo?**

.......................................................................................................................

....................................................................................................................... **PUNTI** ........ **/7**

## LESSICO

**18. Collega i termini, estrapolati dal testo, con i rispettivi significati.**

**Termini:** **1.** sterili - **2.** orlo - **3.** migliorie - **4.** ineluttabile - **5.** vulnerabilità - **6.** satura - **7.** dissoluto - **8.** tangibile.

**Significati:** **a.** miglioramenti apportati - **b.** piena - **c.** inevitabile - **d.** limite estremo - **e.** con limitata capacità di riprodurre - **f.** che si può toccare - **g.** irrimediabilmente corrotto - **h.** possibilità di essere danneggiati o feriti

| 1 | | 2 | | 3 | | 4 | | 5 | | 6 | | 7 | | 8 | |
|---|---|---|---|---|---|---|---|---|---|---|---|---|---|---|---|

**PUNTI** ........ **/8**

**19. Spiega con parole tue le seguenti espressioni.**

**a.** Risorse naturali

........................................................................................................

**b.** Standard di vita

........................................................................................................

**c.** Modello di sviluppo

........................................................................................................

**d.** Panorami apocalittici

........................................................................................................ PUNTI ........ /4

## VALUTA I RISULTATI

- **Ho trovato difficoltà nella lettura del testo:**
  ☐ sì. ☐ no.
- **Le difficoltà si riferiscono:**
  ☐ alla comprensione dei fatti. ☐ alla comprensione del messaggio.
  ☐ alla comprensione del lessico. ☐ alla conoscenza del genere.
- **Ho trovato difficoltà nella comprensione delle consegne degli esercizi:**
  ☐ sì. ☐ no.
- **Le difficoltà si riferiscono:**
  ☐ alla comprensione dei termini. ☐ alla comprensione del lavoro da svolgere.
- **Ritengo complessivamente la mia prova:**
  ☐ positiva. ☐ buona. ☐ accettabile. ☐ incerta. ☐ scadente.

VALUTAZIONE

**Totale punti** ............ **/ 35** **Percentuale** ............ **/ 100**

# Per la Prova NAZIONALE

| | |
|---|---|
| testo narrativo | *G. Schelotto,* **La palummella: cominciamo da me** |
| testo narrativo | *A. Moravia,* **Fuga in montagna** |
| testo narrativo | *C. Fiumi,* **Il gol più bello dell'ultima domenica** |
| testo informativo | **È sempre il tempo delle mele** |
| testo informativo | **Vulcani, la cenere "buona" che fertilizza gli oceani** |
| testo argomentativo | *L. Gallesi,* **Africa, gli aiuti che fanno male** |
| testo argomentativo | *C. Mussa,* **Nucleare: ci risiamo?** |
| testo non continuo | **Nell'occhio del ciclone** |

Per la Prova
NAZIONALE

TESTO NARRATIVO

Competenze testuali, grammaticali, lessicali

Cognome

Nome

Classe

Data

# La palummella: cominciamo da me

Da piccola non avevo paura del lupo e nemmeno delle streghe. Mi atterriva, invece, la "palummella". Con questa immagine era definito al mio paese il baluginio argenteo che si "stacca" dallo specchio dopo aver catturato la luce e si sposta guizzante su persone e cose.

Mi era accaduto di ascoltare i racconti, proibiti per me ma pieni di fascino, che si scambiavano le ragazze quando in tempo di vendemmia venivano a lavare le bottiglie nella cantina di mio nonno. Dal loro chiacchierio fitto e vivace avevo appreso che nel guizzo luminoso della palummella palpitava uno spirito, l'anima di un morto che ogni tanto ritornava in terra assumendo quell'aspetto fugace e impalpabile. Ero incantata da quelle leggende e stavo ad ascoltarle per ore pur sapendo che poi avrei pagato con mille pensieri angosciosi quelle informazioni proibite. La paura mi attanagliava, anche se le ragazze attenuavano il terrore evocato dalle loro storie con risate argentine o con antiche canzoni, che esplodevano improvvise e liberatorie dalle giovani gole.

Ero troppo piccola per una paura così grande. E ad accrescere il mio spavento c'era il fatto che non potevo parlarne alla mamma. Se le avessi confidato la mia angoscia avrei dovuto confessarle che avevo ascoltato quei racconti tabù e mi sembrava una mancanza grave e assolutamente inconfessabile.

Lei si preoccupava molto di certi miei terrori improvvisi e incomprensibili. Una volta chiamò persino il medico. Mi ero messa a urlare nascondendomi la testa con le braccia, quando lei, aprendo l'anta a specchio dell'armadio, aveva provocato il saettante balenio di cui non immaginava neanche il potere malefico.

A poco a poco, la paura degli spiriti aveva cominciato a ossessionarmi anche indipendentemente dallo stimolo luminoso che la provocava le prime volte. Non sapevo nulla della morte, ero nell'età felice in cui tutte le persone care sono giovani e presenti. Ma proprio il fatto che il mio terrore fosse così vago e indefinito lo rendeva più sconvolgente. Non potevo circoscrivere la mia paura perché gli spiriti minacciosi potevano essere dappertutto. Nell'aria che respiravo, nell'acqua che bevevo, nel cibo che mangiavo. Il buio era diventato per me un covo di oscure presenze. Ogni fruscio, ogni ombra, ogni piccolo rumore mi dava un tuffo al cuore. Gli oggetti più familiari assumevano forme mostruose, le sagome degli abiti appesi allo schienale della sedia, persino i giocattoli dimenticati nell'oscurità diventavano demoni ostili. La situazione sarebbe diventata davvero allarmante per me, se non fosse accaduto un episodio provvidenziale.

Un pomeriggio d'estate io e mia madre eravamo sedute al fresco sul pianerottolo di casa. Stavamo ricamando e lei, china su di me, cercava di insegnarmi i misteri dell'ago e del filo. D'un tratto ai nostri piedi si materializzò come dal nulla un topolino grigio dalla lunga coda inquieta. Attraversò velocissimo il pianerottolo e scomparve sotto lo spiraglio della porta del sottoscala. La mamma a quella vista ebbe una reazione drammatica. Non disse niente ma scattò in piedi come una molla. La vidi pallida e tremate che si addossava al muro come se volesse scomparirvi dentro, il tovagliolo che stava ricamando era caduto a terra assieme ai fili multicolori, all'agoraio e alle forbicine, ma sembrava che non le importasse più nulla di nulla. "Chiama papà" ordinò con un filo di voce quando finalmente ritrovò la parola. Il topino era scomparso da un pezzo ma lei evidentemente aveva bisogno di qualcuno che, con la sua presenza, ne esorcizzasse il passaggio inquietante.

Fu la prima volta che vidi un grande in preda allo spavento. Fino a quel momento avevo pensato che quel tormentoso castigo fosse riservato ai bambini.

La mia paura degli spiriti e del mondo dei morti scomparve completamente. Non sono certa che sia accaduto proprio quel pomeriggio, ma so che una paura più accettabile, quella dei topi, sostituì l'antico orrore.

Non rinuncerei per nulla al mondo alla mia bella, simpatica paura dei roditori, simbolo di inquietudini antiche e condivise. So che questa fobia rappresenta per me un elemento di equilibrio, un compromesso che forse mi protegge da più oscuri e tormentosi sgomenti ancestrali.

A volte è più conveniente abbandonarsi a timori apparentemente sciocchi e irrazionali che lasciarsi irretire da angoscianti riflessioni sui profondi misteri del vivere e del morire.

Tutti possiamo avere dei timori insoliti o strani che ci disturbano o ci tormentano. Sono, specialmente quando le si giudica dal di fuori, "piccolissime" paure che se non ci fossero dovremmo forse inventarle.

da G. Schelotto, *Certe piccolissime paure*, Milano 1994

**1. Che cos'è la "palummella"?**

- ▢ A. È un tipo di uccello.
- ▢ B. È lo spirito dei morti.
- ▢ C. È il riflesso della luce proiettato da uno specchio.
- ▢ D. È uno specchietto.

**2. Alla riga 16, la parola *evocato* significa:**

- ▢ A. ricordato.
- ▢ B. richiamato.
- ▢ C. provocato.
- ▢ D. citato.

**3. Perché la mamma della protagonista "non immaginava neanche il potere malefico" della palummella (riga 29)?**

- ▢ A. Perché era ingenua.
- ▢ B. Perché non aveva ascoltato i discorsi delle ragazze.
- ▢ C. Perché si trattava di una superstizione a cui non credeva.
- ▢ D. Perché solo alcune persone potevano saperlo.

**4. Quale tra le seguenti espressioni <u>non</u> è usata per indicare la palummella?**

- ▢ A. Guizzo luminoso.
- ▢ B. Baluginio argenteo.
- ▢ C. Stimolo luminoso.
- ▢ D. Chiacchierio fitto.

**5. Alla riga 55, nella frase "ne esorcizzasse il passaggio inquietante", la particella pronominale *ne* è riferita:**

- ▢ A. alla paura.
- ▢ B. alla mamma.
- ▢ C. al topo.
- ▢ D. al papà.

**6. Alla riga 56, la parola *grande* può essere sostituita con:**

- ▢ A. adulto.
- ▢ B. personaggio famoso.
- ▢ C. potente.
- ▢ D. genitore.

**7. Alla riga 69, la frase "quando le si giudica dal di fuori" indica che:**

- ▢ A. le paure sembrano più grandi se ci si trova in un luogo chiuso.
- ▢ B. quando si è immersi nella paura essa sembra grandissima.
- ▢ C. la paura viene ridimensionata se la si considera in modo distaccato.
- ▢ D. le nostre paure per gli altri sono insignificanti.

8. **Scegli la frase che meglio sintetizza il contenuto del brano.**
- ▢ A. È meglio avere paura dei topi che degli spiriti.
- ▢ B. Tutti, bambini e adulti, possiamo avere delle paure di cui, però, dobbiamo essere consapevoli.
- ▢ C. Se gli adulti hanno delle paure, allora anche i bambini possono averne.
- ▢ D. Per superare una piccola paura basta una paura più grande.

9. **Perché la paura dei topi (riga 59) viene definita "più accettabile" rispetto a quella degli spiriti?**
- ▢ A. Perché i topi esistono e gli spiriti no.
- ▢ B. Perché la bambina poteva condividere la sua paura con la mamma.
- ▢ C. Perché i topi possono essere catturati.
- ▢ D. Perché la paura degli spiriti costringe a riflettere sulla morte.

10. **Il testo che hai letto è di tipo:**
- ▢ A. narrativo realistico.
- ▢ B. descrittivo.
- ▢ C. argomentativo.
- ▢ D. narrativo fantastico.

11. **Perché la protagonista non poteva confessare alla mamma la sua paura?**
- ▢ A. Perché la mamma l'avrebbe sottovalutata.
- ▢ B. Perché anche la mamma aveva la stessa paura.
- ▢ C. Perché non poteva confessarle di avere ascoltato i discorsi delle ragazze.
- ▢ D. Perché si vergognava di una paura così assurda.

12. **La superstizione della "palummella":**
- ▢ A. è frutto della fantasia delle ragazze.
- ▢ B. è frutto della fantasia della protagonista.
- ▢ C. dipende dal fatto che la protagonista ha capito male i discorsi ascoltati.
- ▢ D. ha origine da antiche leggende popolari.

13. **Perché la mamma dovette chiamare il medico?**
- ▢ A. Perché la bambina si era ammalata.
- ▢ B. Perché la bambina aveva avuto un attacco di panico.
- ▢ C. Per guarire la bambina dalle sue paure.
- ▢ D. Perché era troppo apprensiva.

14. **Quale di questi aggettivi non si addice al carattere della piccola protagonista?**
- ▢ A. Impressionabile.
- ▢ B. Curiosa.
- ▢ C. Impavida.
- ▢ D. Condizionabile.

**15. Quando la bambina riesce a superare la paura della palummella?**

▢ A. Quando scopre che anche la mamma ha delle paure.
▢ B. Quando capisce che chiamare il papà fa passare la paura.
▢ C. Quando diventa adulta.
▢ D. Quando capisce che è una paura troppo grande da sopportare.

## Quesiti di grammatica

**16. Alla riga 2, *invece* è:**

▢ A. un avverbio.
▢ B. una congiunzione copulativa.
▢ C. un congiunzione avversativa.
▢ D. una locuzione prepositiva.

**17. Alla riga 6, nella frase "mi era accaduto", *mi* è:**

▢ A. un pronome con funzione di complemento di termine.
▢ B. un pronome con funzione di soggetto.
▢ C. una pronome con funzione di complemento oggetto.
▢ D. un pronome con valore riflessivo.

**18. Alla riga 12, l'aggettivo *impalpabile* è formato con il prefisso *in*+aggettivo. Scrivi altri due aggettivi che si formano nello stesso modo e che subiscono la stessa variazione ortografica.**

a. ............................................ b. ............................................

**19. Indica quale tra le subordinate elencate <u>non</u> ha lo stesso valore della frase "anche se le ragazze attenuavano il terrore".**

▢ A. Sebbene le ragazze attenuassero il terrore.
▢ B. Nonostante le ragazze attenuassero il terrore.
▢ C. Purché le ragazze attenuassero il terrore.
▢ D. Malgrado le ragazze attenuassero il terrore.

**20. La subordinata "ad accrescere il mio spavento" (riga 19) è di tipo:**

▢ A. relativa implicita.
▢ B. finale implicita.
▢ C. causale implicita.
▢ D. relativa esplicita.

21. **Alla riga 24, nelle frase "lei si preoccupava molto di certi miei terrori", *di certi miei terrori* è un complemento:**
- ▢ A. di specificazione.
- ▢ B. di causa.
- ▢ C. di fine.
- ▢ D. di tempo determinato.

22. **Alla riga 32, nella frase "non sapevo nulla della morte", *nulla* è:**
- ▢ A. un sostantivo.
- ▢ B. un aggettivo.
- ▢ C. un pronome indefinito.
- ▢ D. una avverbio di quantità.

23. **Nella stessa frase, *della morte* è un complemento:**
- ▢ A. di origine.
- ▢ B. di specificazione.
- ▢ C. di argomento.
- ▢ D. partitivo.

24. **Nel periodo "A volte è più conveniente abbandonarsi a timori apparentemente sciocchi e irrazionali che lasciarsi irretire da angoscianti riflessioni" quale proposizione <u>non</u> è presente?**
- ▢ A. Una subordinata soggettiva.
- ▢ B. Una subordinata oggettiva.
- ▢ C. Una proposizione principale.
- ▢ D. Una subordinata comparativa.

25. **La forma verbale *rinuncerei* è:**
- ▢ A. un congiuntivo imperfetto.
- ▢ B. un indicativo futuro semplice.
- ▢ C. un indicativo futuro anteriore.
- ▢ D. un condizionale presente.

PER LA PROVA NAZIONALE

TESTO NARRATIVO

Competenze testuali, grammaticali, lessicali

Cognome

Nome

Classe

Data

# Fuga in montagna

Un giorno forse incontrerò di nuovo dei tedeschi e di tutta la furia che custodivo in cuore non resterà che una leggera sforzatura nel mio contegno. O forse non resterà nulla perché sono facile a dimenticare e dimentico prima di tutto le cose che mi fecero soffrire. Ma dimenticare una volta tanto non vuol dire perdonare. Del resto, che serve perdonare quando il perdono non è richiesto?

Quando, quell'inverno, dopo sessanta giorni di pioggia, la terra fu bene intrisa d'acqua, le strade tramutate in pantani e la pianura allagata, allora, una mattina, i tedeschi appiccicarono alle cantonate della diroccata città, un loro *befehl*. Questo manifesto mi fu portato tre ore dopo da un contadino che, nonostante la corsa per la montagna, mostrava in viso il pallore dei futuri spaventi. In dieci o dodici articoli, il comando militare annunziava lo sgombero dell'intera zona, indicando per ogni contrada il suo giorno. Non si potevano portare valigie, ma soltanto pochi viveri. Bisognava incolonnarsi e marciare fino ad una stazione lontana una cinquantina di chilometri. Da questa misura, sancita con le solite pene di morte, erano esclusi solo pochi funzionari repubblichini. Io vidi l'accoglienza che fecero i contadini al manifesto perché fui io che glielo lessi, essendo loro quasi tutti analfabeti. Questi contadini, anni orsono, vivevano ancora in capanne. Con fatica accanita avevano dissodato quelle terribili montagne, trasformandone i fianchi precipitosi in gigantesche, regolari scalinate. Su ogni scalino di buona terra strappata ai sassi avevano coltivato il grano e le altre piante necessarie alla vita. Coi sassi avevano fabbricato i terrapieni e le loro case. Ora, in poche righe, il comando tedesco ingiungeva loro di abbandonare ogni cosa e avviarsi con le mogli e i bambini verso qualche funesto campo di concentramento. I contadini costernati e silenziosi guardavano il foglio e si guardavano intorno come se avessero già voluto dare un addio anticipato alle loro case e alla loro terra. Ma una donna che aveva il marito in Russia (e forse l'aspetta ancora) disse: " Piuttosto che andarmene, ammazzo me e i miei figli". Era una donna bella e giovane, aveva avuto la casa distrutta a Terracina ed era venuta lassù a rifugiarsi presso la madre coi due figli piccoli. Ella sapeva che cosa voleva dire fuggire senza tetto e senza aiuti.

Intanto, siccome si parlava di rastrellamenti, fui costretto, con qualche altro sfollato, a fuggirmene ogni mattina in cima alla montagna. Si partiva al buio e ci si inerpicava per sentieri da capre sul fianco ripido del monte. Per due ore si camminava nascosti fino a mezzo petto tra gli scopeti. Nella luce verde e stralunata del primo giorno si entrava in un rado bosco di querce. Tra l'una e l'altra quercia il pendio era tutto uno sbriciolìo di bianco brecciame. Se guardavo in su, non vedevo che tronchi e tronchi sullo sfondo candido della petraia e poi, molto in alto, uno spicchio di cielo azzurro: il passo. Dopo quattro ore di salita, raggiungevamo il passo che era un piccolo prato tra due vette nude e sassose. Dall'altra parte, c'era un vallone deserto, bruciato dal gelo, brullo, e poi altre montagne, fitte, nevose.

Ci stendevamo sull'erba fine e fredda e aspettavamo che il sole girasse per il cielo e tramontasse. La vista era immensa, si scorgeva lontano la marina, di un azzurro vaporoso, e talvolta perfino l'ombra dell'isola di Ponza. A Ponza c'erano gli Inglesi, quell'ombra voleva dire la libertà irraggiungibile. C'erano intorno a noi il silenzio e la serenità religiosi dell'antica terra italiana, madre indifferente e inalterabile di uomini angosciati e perseguitati. Un armento di pecore che brucava nel vallone di sotto faceva risuonare ogni tanto le sue pacifiche e ingannevoli campanelle. Il sole scottava, qualche insetto ronzava. Veniva quasi fatto di illudersi che ci trovavamo lassù in una gita di piacere.

A mezzogiorno mangiavamo un po' di pane e di formaggio. L'acqua la prendevamo in un pozzo per le bestie, profondo, verde di capelvenere, popolato di ranocchi. Il pastore dell'armento veniva qualche volta tra noi e ripeteva ridendo: "Andate fuiendo? Ma i germanesi vi acchiapperanno lo stesso." Qualche altra volta capitavano soldati sbandati, laceri, sfiniti, che volevano passare il fronte. Come ci vedevano, si nascondevano dietro i macigni, timorosi, e lo stesso facevamo noi: ci scambiavamo a vicenda per tedeschi. Poi venivano fuori e raccontavano le solite storie di fughe e di persecuzioni.

Ritornavamo a casa al crepuscolo, rotolando giù per le rovine e gli scopeti. Giungevamo coperti di fango, stracchi, bruciati dal sole. La notte si dormiva con un occhio solo, trasalendo ad ogni rumore. Questa vita durò più di un mese, cioè fino allo sbarco di Anzio.

da A. Moravia, *Racconti dispersi 1928-1951*, Bompiani 2002

1. **Alla riga 65, l'autore afferma che i soldati "raccontavano le solite storie di fughe e persecuzioni"; perché usa l'aggettivo *solite*?**
   - ▢ A. Perché erano storie inventate e quasi tutte uguali.
   - ▢ B. Perché l'autore era stanco di ascoltarle.
   - ▢ C. Perché tutti i soldati avevano vissuto le medesime tristi esperienze.
   - ▢ D. Perché i soldati non avevano fantasia nel raccontare.

2. **Alla riga 52, nell'espressione "l'ombra dell'isola di Ponza", la parola *ombra* si può sostituire con:**
   - ▢ A. il profilo.
   - ▢ B. l'oscurità.
   - ▢ C. il miraggio.
   - ▢ D. il fantasma.

3. **Perché alla riga 54 la terra italiana viene definita "madre indifferente e inalterabile"?**
   - ▢ A. Perché gli Italiani si sentivano traditi dalla loro patria.
   - ▢ B. Perché la bellezza del luogo era in contrasto con i sentimenti angosciati del protagonista e dei suoi compagni.
   - ▢ C. Perché il protagonista non era in Italia e sognava di potervi tornare.
   - ▢ D. Perché mentre tutto cambiava, l'Italia rimaneva immutabile.

4. **Alla riga 55, la parola *armento* significa:**
   - ▢ A. gregge.
   - ▢ B. grande numero.
   - ▢ C. aumento.
   - ▢ D. stalla.

5. **Il brano è ambientato:**
   - ▢ A. in un pascolo nella regione alpina.
   - ▢ B. in un territorio montuoso di una regione che si affaccia sul mare.
   - ▢ C. nel deserto roccioso di un paese straniero.
   - ▢ D. in un'isola montuosa dell'arcipelago britannico.

6. **Che cosa si intende, alla riga 40, con la parola *rastrellamenti*?**
   - ▢ A. Raduni di persone disperse.
   - ▢ B. Operazioni di ricerca e cattura dei nemici da parte dei tedeschi.
   - ▢ C. Operazioni agricole effettuate dopo la mietitura.
   - ▢ D. Attività che si svolgono in pianura.

7. **Tenendo conto del contesto, che cosa sono gli *scopeti* (riga 43)?**
- ☐ A. Boschi di arbusti utilizzati per fare le scope.
- ☐ B. Magazzini di scope.
- ☐ C. Fabbriche di scope.
- ☐ D. Boschi di alberi ad alto fusto utilizzati per fare manici di scopa.

8. **Alla riga 43, nell'espressione "primo giorno", l'aggettivo *primo* indica:**
- ☐ A. il primo giorno di fuga.
- ☐ B. le prime ore del giorno.
- ☐ C. il primo giorno dei rastrellamenti.
- ☐ D. il primo giorno del mese.

9. **Che cosa spinge la donna a pronunciare la frase "Piuttosto che andarmene, ammazzo me e i miei figli" (riga 35)?**
- ☐ A. La follia.
- ☐ B. L'attaccamento al paese in cui viveva.
- ☐ C. Il timore che il marito di ritorno dalla Russia non la trovi.
- ☐ D. La disperazione di dover rivivere un'esperienza tragica già provata.

10. **Che cosa lascia intuire la frase tra parentesi alla riga 34 "(e forse l'aspetta ancora)"?**
- ☐ A. Che è probabile che il marito non abbia più ritrovato la moglie.
- ☐ B. Che il marito, nel momento in cui l'autore scrive, non è ancora tornato.
- ☐ C. Che è probabile che il marito fosse morto in Russia, come molti soldati italiani.
- ☐ D. Che l'autore non sa se la donna stia ancora aspettando.

11. **Alla riga 13, l'espressione "mostrava in viso il pallore dei futuri spaventi" significa:**
- ☐ A. che il contadino, anche se non sapeva leggere, immaginava il contenuto del manifesto ed era preoccupato per il futuro.
- ☐ B. che i contadino era pallido perché sapeva prevedere il futuro.
- ☐ C. che il contadino era spaventato perché aveva già letto il manifesto.
- ☐ D. che il contadino aveva già sperimentato quello che il manifesto minacciava di fare.

12. **Alla riga 19, nell'espressione "da questa misura", la parola *misura* si riferisce:**
- ☐ A. alla distanza di cinquanta chilometri.
- ☐ B. alla stazione da raggiungere.
- ☐ C. al provvedimento stabilito dai tedeschi.
- ☐ D. alla pena prevista per chi non avesse obbedito.

13. **L'autore, nei confronti dei tedeschi, dimostra:**
- ☐ A. un odio radicato nel profondo del cuore.
- ☐ B. una grande capacità di perdono.
- ☐ C. un'indifferenza dovuta al fatto che da quegli eventi è trascorso molto tempo.
- ☐ D. dei sentimenti contrastanti che saprà definire solo quando incontrerà altri tedeschi.

**14. Le vicende narrate nel brano si svolgono:**
- ▢ A. nel primo inverno della Prima Guerra Mondiale.
- ▢ B. in un inverno sul finire della Seconda Guerra Mondiale.
- ▢ C. in un'estate sul finire della Seconda Guerra Mondiale.
- ▢ D. allo scoppio della Seconda Guerra Mondiale.

**15. I contadini presso cui l'autore è ospitato:**
- ▢ A. erano riusciti a bonificare un terreno paludoso.
- ▢ B. erano riusciti a rendere fertile un terreno arido.
- ▢ C. erano riusciti a coltivare un terreno scosceso realizzando dei terrazzamenti.
- ▢ D. non erano riusciti a coltivare nulla perché il terreno era una pietraia.

## Quesiti di grammatica

**16. Alla riga 14, "in dieci o dodici articoli" è complemento:**
- ▢ A. di tempo.
- ▢ B. di luogo.
- ▢ C. di mezzo.
- ▢ D. di quantità.

**17. La frase complessa "Ci stendevamo sull'erba e aspettavamo che il sole girasse per il cielo e tramontasse" (riga 50) è formata da:**
- ▢ A. una principale, due coordinate e una subordinata.
- ▢ B. una principale, una coordinata e due subordinate coordinate tra loro.
- ▢ C. una principale e tre subordinate.
- ▢ D. una principale e tre coordinate.

**18. In quale tra le frasi seguenti il *che* ha valore di pronome relativo soggetto?**
- ▢ A. Che serve perdonare quando il perdono non è richiesto?
- ▢ B. Fui io che glielo lessi.
- ▢ C. Aspettavamo che il sole girasse.
- ▢ D. Vidi l'accoglienza che fecero i contadini al manifesto.

**19. Alla riga 69, nell'espressione "ogni rumore", *ogni* è:**
- ▢ A. aggettivo indefinito.
- ▢ B. aggettivo qualificativo.
- ▢ C. aggettivo numerale.
- ▢ D. aggettivo possessivo.

**20. Nella frase "erano esclusi pochi funzionari repubblichini" (riga 20) sono presenti:**

- ▢ A. un predicato verbale e un complemento oggetto + attributo.
- ▢ B. un predicato nominale e un complemento oggetto + 2 attributi.
- ▢ C. un predicato verbale e un soggetto + 2 attributi.
- ▢ D. un predicato nominale e un soggetto + attributo.

**21. Alla riga 63, la frase "come ci vedevano" ha valore:**

- ▢ A. temporale.
- ▢ B. modale.
- ▢ C. comparativo.
- ▢ D. condizionale.

**22. Quale tra i seguenti verbi <u>non</u> ammette la forma passiva?**

- ▢ A. ingiungeva.
- ▢ B. camminava.
- ▢ C. aspettavamo.
- ▢ D. scottava.

**23. Alla riga 13, l'espressione "nonostante la corsa per la montagna" è formata da:**

- ▢ A. un complemento concessivo + un complemento di moto per luogo.
- ▢ B. un complemento di causa + un complemento di fine.
- ▢ C. un complemento concessivo + un complemento di causa.
- ▢ D. un complemento di causa + un complemento di termine.

**24. Il periodo "Se guardavo in su, non vedevo che tronchi" (riga 45):**

- ▢ A. è un periodo ipotetico dell'irrealtà.
- ▢ B. è un periodo ipotetico della possibilità.
- ▢ C. è un periodo ipotetico della realtà.
- ▢ D. non è un periodo ipotetico.

**25. In quale tra le espressioni seguenti è presente una forma riflessiva?**

- ▢ A. Si partiva.
- ▢ B. Si parlava.
- ▢ C. Si dormiva.
- ▢ D. Si nascondeva.

PER LA PROVA **NAZIONALE**

**TESTO NARRATIVO**

Competenze testuali, grammaticali, lessicali

Cognome ______________________

Nome ______________________

Classe ______________________

Data ______________________

# Il gol più bello dell'ultima domenica

*L'ha realizzato, in Prima Categoria, il custode dello stadio della Romangia Sorso: Marco, giocatore mancato, è invitato a cambiarsi per far numero in panchina, ma poi entra e segna. Quando "calcio nel sangue" vuol dire passione e non coltelli.*

Anche per Marco era l'ultima di campionato. E quel che sarebbe accaduto non stava nei suoi pensieri, non poteva trovarvi posto. Anche perché il posto di Marco, il suo ruolo, non prevedeva un finale così. No, non di Marco Materazzi stiamo parlando. E neppure di Marco Motta, versante giallorosso della volata scudetto. Di Marco Mulas, invece: protagonista di una storia pallonara che sta al calcio di oggi come una licenza poetica, una boccata d'aria, un sorso d'acqua fresca. Un Sorso con tanto di maiuscola, ché è qui, in questo paesone a un passo da Sassari, che è ambientata.

Marco Mulas ha trent'anni e *il calcio nel sangue*, anche se il pallone non l'ha ricambiato: il talento – come succede a tanti, a quasi tutti – lo ha dribblato quando aveva vent'anni e l'ha lasciato sul posto. Quello che occupa ancora oggi, da tesserato finito a controllare tessere e riassettare tribune: da nove anni custode dei due stadi di Sorso (il Madau e il Piramide), erede del mestiere del papà.

*Calcio&sangue*, di questi tempi, non è certo gemellaggio passionale: solo la voce di bilancio domenicale di risse e lame, in un mondo in fuga dalle proprie responsabilità ma pronto ad anticipare partite, a chiuderne al pubblico altre, a minacciarne la sospensione, fino a presidiare autogrill e caselli – è quanto accaduto nelle sole ultime due giornate – per limitare incroci di squadrismi e coltelli.

Invece, il *calcio nel sangue* di Marco Mulas era, è, passione sincera, sfogata sui campi di calcetto alla sera e in qualche sfida alla buona per tener buoni i piedi da attaccante e l'attaccamento al pallone. E pure il ricordo di quando stava nelle giovanili, prima di accomodarsi in tribuna a guardare gli altri giocare.

Un fare distinto, gli occhiali a dargli un certo piglio, Marco Mulas prende 400 euro al mese per aprire e chiudere il campo nei giorni dell'allenamento e predisporre lo spogliatoio prima della partita, sistemando le maglie della Romangia Sorso preparando tè caldo. Una garanzia, quel giovin custode, tanto che, dopo la promozione del 2008, sul sito del club ce n'era anche per lui: "Grazie a Marco Mulas. Sempre presente ogni domenica, sempre vicino ai ragazzi". Sono passate due stagioni, è arrivata pure la retrocessione, ma lui è ancora lì. E anche ora, ultima di campionato – torneo di Prima Categoria 2009/2010 – Marco ripete il suo gesto, preparando le maglie biancorosse della Romangia. Che, allo stadio Madau, ospita il Berchidda.

Arrivano i giocatori, ma non arrivano tutti – a fine stagione, tra i dilettanti, c'è sempre qualche defezione – e sul referto per l'arbitro ci sono solo 14 nomi. È allora che il presidente guarda Marco il custode e gli dice: "Tanto è l'ultima, cambiati, vai in panchina anche tu". Lui ricambia con uno sguardo stupito, poi sorride e capisce che è vero, per una volta non vedrà la partita dalla tribuna e starà ancora più *vicino ai ragazzi*, ché una delle maglie che ha preparato è la sua. Ciascuno custodisce qualche sogno, con la speranza che un giorno smetta di esserlo: beh, il custode Marco sente che è arrivato quel momento. Veste la divisa della Romangia e si accomoda in panca.

Accade alla mezz'ora del secondo tempo. Il Berchidda è avanti 2-0 e i suoi non vedono palla. Da cinque minuti Marco il custode non è più un panchinaro. "Entra anche tu", gli ha detto l'allenatore e l'ha spedito in campo. E adesso lui ha rimediato un pallone sulla sinistra. Stringe verso l'area avversaria, finché un avversario gli si para di fronte. Allora finge di andare sul fondo per metterla in mezzo: quello abbocca e lui rientra sul destro. Guarda la porta, prende le misure, azzarda il diagonale. Il portiere si muove ma non ci arriva e a lui non resta che guardare la palla che si struscia nella rete, sventolandola in suo onore. In fondo è solo un gol (la partita finirà 2 – 2) come ce ne sono tanti, ogni domenica, dovunque. Non vale uno scudetto, una festa pazza, una stagione. Epperò è un gol da *calcio nel sangue* che riconcilia col pallone – in questa pessima annata, intossicata fino all'ultimo da sgherri di curva e sgarri al buonsenso – e ristora la passione. Un gol che sa ancora di pali fatti coi cappotti, di "siamo dispari, vuoi entrare?", di un ritorno all'abbecedario del giocare. E, come insegna Marco il custode, di "un divertirsi a guardare". Poco conta se il Romangia, in Prima Categoria, o la Nazionale al Mondiale.

adattato da C. Fiumi, in "Sette – Corriere della Sera", 20 maggio 2010

**1. Alla riga 3, viene ripetuta due volte la parola *posto*;**

- ▢ A. in entrambi i casi ha lo stesso significato: spazio.
- ▢ B. nel primo caso significa spazio, nel secondo significa ruolo.
- ▢ C. nel primo caso significa posizione, nel secondo significa spazio.
- ▢ D. in entrambi i casi ha lo stesso significato: località.

**2. Alla riga 9, la congiunzione *ché* introduce:**

- ▢ A. una spiegazione.
- ▢ B. una causa.
- ▢ C. un fine.
- ▢ D. una conseguenza.

**3. Alla riga 6, la parola *volata*:**

- ▢ A. appartiene al linguaggio comune e significa *volo*.
- ▢ B. è un verbo al participio passato e significa *che è volata*.
- ▢ C. appartiene al linguaggio sportivo e significa *corsa per, sprint finale*.
- ▢ D. appartiene al linguaggio aereonautico e significa *virata*.

**4. Che compito svolge il protagonista dell'articolo?**

- ▢ A. Il calciatore.
- ▢ B. Il custode.
- ▢ C. L'allenatore.
- ▢ D. Il magazziniere.

**5. La frase metaforica "il talento lo ha dribblato quando aveva vent'anni e lo ha lasciato sul posto" (righe 12-13) significa:**

- ▢ A. che Marco non è abbastanza veloce per giocare a calcio.
- ▢ B. che quando gioca a calcio Marco viene sempre superato in velocità dagli avversari con più talento.
- ▢ C. che Marco ha subito un infortunio che ha compromesso la sua carriera di calciatore.
- ▢ D. che dopo aver giocato nelle squadre giovanili Marco non ha dimostrato sufficiente talento per continuare la carriera di calciatore.

**6. Che differenza c'è tra le espressioni "calcio nel sangue" (riga 25) e "calcio & sangue" (riga 18) usate dall'autore?**

- ▢ A. Non c'è alcuna differenza.
- ▢ B. La prima significa avere passione per il gioco del calcio, la seconda invece indica il legame tra calcio e tifosi violenti.
- ▢ C. La prima indica una passione che può facilmente diventare violenta, come indica la seconda.
- ▢ D. La prima indica che la passione per il calcio è ereditaria, la seconda che la passione per il calcio conduce alla violenza.

**7. Chi sono i *ragazzi* di cui si parla alla riga 36?**

☐ A. I tifosi.
☐ B. Gli adolescenti che amano il calcio.
☐ C. I giocatori della squadra.
☐ D. I giocatori in panchina.

**8. Che cosa significa nel gergo calcistico *retrocessione* (riga 37)?**

☐ A. Passaggio da una serie superiore a quella immediatamente inferiore.
☐ B. Tecnica di gioco molto prudente.
☐ C. Arretramento in difesa.
☐ D. Punizione disciplinare.

**9. Alla riga 47, l'espressione "smetta di esserlo" può essere sostituita con:**

☐ B. smetta di esistere.
☐ C. smetta di essere un sogno.
☐ D. smetta di sognare.
☐ E. smetta di essere un custode.

**10. Perché l'autore definisce il fatto narrato "una boccata d'aria, un sorso d'acqua fresca" per il calcio di oggi (riga 8)?**

☐ A. Perché è una storia in cui sono coinvolti i giovani.
☐ B. Perché è una storia mai raccontata prima.
☐ C. Perché il mondo del calcio è soffocante.
☐ D. Perché è una storia positiva in un mondo come quello del calcio, caratterizzato da molti episodi negativi.

**11. Alla riga 56, nella frase "sventolandola in suo onore", *suo* è riferito:**

☐ A. al portiere.
☐ B. all'avversario.
☐ C. a Marco.
☐ D. alla palla.

**12. A che cosa si riferisce la frase "un gol che sa ancora di pali fatti coi cappotti" (riga 50)?**

☐ A. Alla povertà delle società calcistiche di provincia.
☐ B. Al fatto che in Italia non ci sono strutture sportive adeguate.
☐ C. Ai ricordi di quando i ragazzi giocavano a calcio con semplicità e spontaneità.
☐ D. Ai tempi in cui le squadre minori non avevano divise.

**13. Perché l'autore ha scelto di raccontare questo episodio?**

☐ A. Perché è un evento eccezionale che un custode diventi calciatore.
☐ B. Perché è grazie a Marco che la sua squadra ha vinto sugli avversari.
☐ C. Perché è interessante conoscere le squadre di categorie minori.
☐ D. Perché è un episodio che riscopre il vero significato del calcio.

**14. Chi sono gli "sgherri di curva", di cui si parla alla riga 59?**

- ▢ A. Sono persone che sfogano la loro violenza negli stadi.
- ▢ B. Sono i calciatori scorretti e sleali.
- ▢ C. Sono i tifosi che frequentano gli stadi.
- ▢ D. Sono persone che hanno deviato dalla retta via.

**15. Dalla lettura dell'articolo si intuisce che Marco Mulas è:**

- ▢ A. un giovane presuntuoso.
- ▢ B. un calciatore ricco di talento.
- ▢ C. un giovane appassionato di calcio.
- ▢ D. un tifoso a volte violento.

## Quesiti di grammatica

**16. Alla riga 45, *più vicino* è:**

- ▢ A. una locuzione avverbiale.
- ▢ B. un aggettivo al grado comparativo.
- ▢ C. un aggettivo al grado superlativo relativo.
- ▢ D. un avverbio al grado comparativo.

**17. La struttura logica della frase " sono passate due stagioni" (riga 37) è:**

- ▢ A. predicato nominale – soggetto + attributo.
- ▢ B. predicato verbale – complemento oggetto + attributo.
- ▢ C. soggetto sottinteso – predicato verbale – complemento oggetto + attributo.
- ▢ D. predicato verbale – soggetto + attributo.

**18. Alla riga 35 la subordinata "tanto che sul sito del club ce n'era anche per lui", è di tipo:**

- ▢ A. finale.
- ▢ B. causale.
- ▢ C. consecutiva.
- ▢ D. relativa.

**19. Quale tra le seguenti espressioni <u>non</u> è corretta dal punto di vista ortografico?**

- ▢ A. cen'è.
- ▢ B. ce n'erano.
- ▢ C. se n'è.
- ▢ D. gliene erano.

20. **Alla riga 43, nella frase "vai in panchina anche tu", *vai* è:**
- ▢ A. indicativo presente.
- ▢ B. imperativo presente.
- ▢ C. congiuntivo presente.
- ▢ D. condizionale presente.

21. **Trasforma la frase usando il discorso indiretto.**
L'allenatore gli ha detto: "Entra anche tu".
L'allenatore gli ha detto che ..............................................................................

22. **Alla riga 41, quale congiunzione subordinante potrebbe introdurre la frase incidentale posta tra i trattini?**
- ▢ A. Quindi.
- ▢ B. Poiché.
- ▢ C. Nonostante.
- ▢ D. Che.

23. **Alla riga 9, *paesone* è un nome:**
- ▢ A. primitivo.
- ▢ B. derivato.
- ▢ C. alterato.
- ▢ D. composto.

24. **Alla riga 47, *un giorno* è:**
- ▢ A. soggetto.
- ▢ B. complemento di tempo determinato.
- ▢ C. complemento oggetto.
- ▢ D. complemento di tempo continuato.

25. **Alla riga 42, *per l'arbitro* è complemento:**
- ▢ A. di fine.
- ▢ B. di limitazione.
- ▢ C. di vantaggio.
- ▢ D. di termine.

Per la Prova
NAZIONALE

TESTO
INFORMATIVO

Competenze testuali, grammaticali, lessicali

Cognome

Nome

Classe

Data

# È sempre il tempo delle mele

"Una mela al giorno leva il medico di torno" è il detto sempreverde della tradizione popolare. Sembra retorico, ma è tutto vero. Gli studi scientifici rivelano le virtù di questo frutto – toccasana, che è disponibile tutto l'anno. L'ultima conferma delle sue proprietà arriva da una fonte autorevole, l'istituto Mario Negri di Milano, che ha individuato efficaci capacità antitumorali; le percentuali di riduzione del rischio nei consumatori abituali di mele lasciano pochi dubbi: tutto merito delle proantocianine contenute nella mela, in grado di bloccare i geni che impediscono la morte programmata delle cellule tumorali.

Dal punto di vista nutrizionale, la mela è una piacevole sorpresa: gustosa, è priva di grassi e povera di zuccheri e calorie (circa 40 ogni 100 grammi). Un vero alleato della linea, quindi, ma non solo: il suo contenuto di vitamine, fibre, potassio e altri minerali la rende anche un vero toccasana per la salute. Grazie al suo contenuto di betacarotene, è amica della vista e della pelle e le sue proprietà antiossidanti contrastano il processo di invecchiamento delle cellule. La mela può vantare anche alti livelli di vitamine del gruppo B, importanti per il loro ruolo in molti organi, dal fegato al sistema nervoso e all'apparato gastrointestinale. La vitamina B1, poi, è protagonista del processo energetico, è utile contro la stanchezza, il nervosismo e la mancanza di appetito, mentre la B2 è la sostanza giusta per stimolare le corrette funzioni gastrointestinali, ma anche la crescita di unghie e capelli. Ancora, la B3 è fondamentale per la respirazione delle cellule ed è presente in tutti i tessuti dell'organismo.

Consumate dopo i pasti, le mele aiutano a tenere sotto controllo i livelli di colesterolo. Tutto merito delle pectine, fibre solubili in acqua che si legano al colesterolo contenuto negli alimenti, ostacolandone l'assorbimento. Una volta trattenutolo, le fibre lo trasportano con sé, eliminandolo e riducendo così il suo pericoloso accumulo nel sangue. Questa funzione preziosa aiuta a prevenire la comparsa delle malattie cardiovascolari.

Le mele non dovrebbero mai mancare nella dieta delle donne in gravidanza. Come emerso da una ricerca statunitense, il consumo abituale di questo frutto da parte delle future mamme è benefico per le difese naturali del piccolo. Una o due mele al giorno durante i nove mesi di attesa garantiscono la diminuzione fino al 40% del rischio di asma e di allergie nel nascituro.

Ma le proprietà benefiche delle mele non si esauriscono a tavola.

Gustose come spuntino e ottime a fine pasto, le mele contribuiscono efficacemente a mantenere l'igiene orale nelle situazioni in cui non è possibile utilizzare lo spazzolino e il dentifricio. La consistenza della polpa, infatti, le rende ottime per massaggiare le gengive, rimuovere i residui di cibo tra i denti e svolgere una valida azione antiplacca e anticarie.

Alleate di bellezza, sono ideali per la cosmesi. La maschera a base di mele, miele e yogurt idrata e illumina la pelle, mentre il succo del frutto, applicato sul viso, rassoda efficacemente i tessuti. Contro le rughe, si può preparare una crema facendo bollire una mela in mezzo bicchiere di latte.

Recenti studi hanno individuato, in una particolare varietà svizzera, una proprietà unica: le cellule staminali estratte da questi frutti e usate in formulazioni per uso cosmetico sono risultate preziose contro l'invecchiamento, i raggi UV e per curare il rinnovo delle cellule cutanee. Le mele, infine, sono un buon rimedio di pronto soccorso. In caso di ferite o escoriazioni, il loro succo è disinfettante, grazie alle sue proprietà antisettiche e cicatrizzanti. Gli acidi della mela, infatti, disinfettano la ferita evitando bruciori, mentre la pectina svolge un'azione antisettica e le sostanze minerali favoriscono la cicatrizzazione dei tessuti e la guarigione.

adattato da "Viversani", anno 19, n. 25, 18.06.2010

**1. Alla riga 1, tenendo conto del contesto, l'aggettivo *sempreverde* significa:**
- ☐ A. artificiale.
- ☐ B. che non appassisce.
- ☐ C. che è sempre valido.
- ☐ D. colorito.

**2. Le *proantocianine* (riga 9) contenute nelle mele:**
- ☐ A. uccidono le cellule tumorali.
- ☐ B. eliminano le protezioni genetiche delle cellule tumorali.
- ☐ C. prevengono i tumori.
- ☐ D. aumentano le cellule tumorali.

**3. Indica il completamento scorretto. Le mele sono:**
- ☐ A. prive di grassi.
- ☐ B. povere di zuccheri.
- ☐ C. povere di vitamine.
- ☐ D. ricche di minerali.

**4. In che modo le mele prevengono la comparsa di malattie cardiovascolari?**
- ☐ A. Aiutando a mantenersi in linea.
- ☐ B. Ostacolando il colesterolo.
- ☐ C. Favorendo la respirazione delle cellule.
- ☐ D. Rallentando l'invecchiamento delle cellule.

**5. Che cosa significa la frase "le proprietà benefiche delle mele non si esauriscono a tavola" (riga 43)?**
- ☐ A. Che le mele vanno mangiate anche lontano dal pasto come spuntino.
- ☐ B. Che l'efficacia delle mele perdura anche dopo la digestione.
- ☐ C. Che non è necessario mangiare le mele per trarre vantaggio dalle loro proprietà.
- ☐ D. Che le mele possono essere utili non solo come alimento.

**6. Che cosa significa l'espressione "igiene orale" (riga 45)?**
- ☐ A. Igiene della bocca.
- ☐ B. Uso di un linguaggio pulito quando si parla.
- ☐ C. Spiegazione a voce.
- ☐ D. Pulizia in determinate ore del giorno.

**7. Qual è la corretta definizione di "cosmesi" (riga 49)?**
- ☐ A. Arte che mira a mantenere la bellezza del corpo.
- ☐ B. Procedimento che fa ringiovanire.
- ☐ C. Arte che mescola fra loro prodotti naturali.
- ☐ D. Attività svolta da truccatori e parrucchieri.

**8. Indica se le affermazioni sono vere (V) o false (F).**

| | | V | F |
|---|---|---|---|
| a. | Perché la mela dia giovamento bisogna consumarne una al dì. | | |
| b. | La mela può essere inserita nelle cure dimagranti. | | |
| c. | Ingerire polpa di mela protegge dai raggi UV. | | |
| d. | Il succo di mela è un disinfettante naturale. | | |
| e. | Le maschere a base di mela favoriscono la crescita dei capelli. | | |

**9. Alla riga 57, nell'espressione "grazie alle sue proprietà antisettiche", *sue* è riferito:**

- ▢ A. alla mela.
- ▢ B. al succo.
- ▢ C. agli acidi.
- ▢ D. al disinfettante.

**10. Il testo che hai letto è di tipo:**

- ▢ A. narrativo.
- ▢ B. descrittivo.
- ▢ C. argomentativo.
- ▢ D. informativo.

**11. Il testo…**

- ▢ A. elenca le proprietà mediche e cosmetiche delle mele.
- ▢ B. elenca gli effetti positivi e negativi delle mele.
- ▢ C. è basato sulle credenze popolari.
- ▢ D. è basato sugli studi scientifici di un'Università statunitense.

**12. Alla riga 31, la parola *solubili* significa:**

- ▢ A. che si trovano.
- ▢ B. che si sciolgono.
- ▢ C. impermeabili.
- ▢ D. invisibili.

**13. Alla riga 58, il periodo introdotto dalla congiunzione *infatti:***

- ▢ A. espone la causa di quanto espresso nel periodo precedente.
- ▢ B. espone la conseguenza di quanto affermato precedentemente.
- ▢ C. spiega il periodo precedente.
- ▢ D. è in opposizione con quanto affermato precedentemente.

**14. Alla riga 32, la subordinata "una volta trattenutolo" può essere sostituita con:**

- ▢ A. poiché lo hanno trattenuto.
- ▢ B. se lo hanno trattenuto.
- ▢ C. mentre lo trattengono.
- ▢ D. dopo che lo hanno trattenuto.

**15. Alla riga 2, nell'espressione "sembra retorico ma è tutto vero", *retorico* può essere sostituito con:**

- ▢ A. falso.
- ▢ B. artificiale.
- ▢ C. esagerato.
- ▢ D. inammissibile.

## Quesiti di grammatica

**16. Alla riga 1, nell'espressione "una mela al giorno", *al giorno* è complemento:**

- ▢ A. di termine.
- ▢ B. di tempo.
- ▢ C. distributivo.
- ▢ D. di fine.

**17. Alla riga 5, *da una fonte autorevole* è complemento:**

- ▢ A. di moto da luogo.
- ▢ B. di origine.
- ▢ C. d'agente.
- ▢ D. di causa efficiente.

**18. Alla riga 25, la subordinata implicita "per stimolare" è una subordinata:**

- ▢ A. causale.
- ▢ B. finale.
- ▢ C. relativa.
- ▢ D. consecutiva.

**19. Alla riga 20, nell'espressione "importanti per il loro ruolo", *loro* è:**

- ▢ A. aggettivo qualificativo.
- ▢ B. pronome personale soggetto.
- ▢ C. pronome personale complemento oggetto.
- ▢ D. aggettivo possessivo.

**20. Alla riga 13, nell'espressione "povera di zuccheri", *di zuccheri* è complemento:**

- ▢ A. di limitazione.
- ▢ B. di specificazione.
- ▢ C. di causa.
- ▢ D. di privazione.

**21. Quale tra le seguenti frasi <u>non</u> contiene un verbo servile?**

- ▢ A. Le mele non dovrebbero mai mancare nelle diete.
- ▢ B. Non è possibile utilizzare lo spazzolino.
- ▢ C. La mela può vantare alti livelli di vitamine.
- ▢ D. La mela è un alleato per chi vuole evitare l'invecchiamento della pelle.

**22. Quale tra le seguenti frasi può essere trasformata nella forma passiva?**

- ▢ A. Gli acidi della mela disinfettano la ferita.
- ▢ B. Le mele non mancano nelle diete.
- ▢ C. Con le mele crescono meglio unghie e capelli.
- ▢ D. La mela è un frutto disponibile tutto l'anno.

**23. Nel periodo "le mele contribuiscono efficacemente a mantenere l'igiene orale nelle situazioni in cui non è possibile utilizzare lo spazzolino" (riga 44), quale subordinata non è presente?**

- ▢ A. Finale.
- ▢ B. Relativa.
- ▢ C. Soggettiva.
- ▢ D. Oggettiva.

**24. Alla riga 51, il periodo "Si può preparare una crema facendo bollire una mela ", quante subordinate contiene?**

- ▢ A. Una.
- ▢ B. Due.
- ▢ C. Tre.
- ▢ D. Quattro.

**25. Individua la frase corretta dal punto di vista ortografico.**

- ▢ A. Studi scentifici dimostrano che la mela è efficace nella prevenzione delle malattie.
- ▢ B. Studi scientifici dimostrano che la mela è eficacie nella prevenzione delle malattie.
- ▢ C. Studi scientifici dimostrano che la mela è efficace nella prevenzzione delle malattie.
- ▢ D. Studi scientifici dimostrano che la mela è efficace nella prevenzione delle malattie.

PER LA PROVA NAZIONALE

TESTO INFORMATIVO

Competenze testuali, grammaticali, lessicali

Cognome

Nome

Classe

Data

# Vulcani, la cenere "buona" che fertilizza gli oceani

*Uno studio californiano spiega che l'eruzione dell'Eyjafjallajökul islandese avrà effetti positivi sull'ambiente. Secondo i ricercatori, rafforzerà l'ecosistema dei mari, favorità il rilascio di ossigeno e l'assorbimento di* $CO^2$

Non tutta la polvere vulcanica viene per nuocere. O almeno questo è ciò che sostengono gli scienziati del Monterey Bay Aquarium Research Institute, in California, secondo i quali "nel lungo periodo gli oceani trarranno un enorme beneficio dall'eruzione del vulcano islandese". Con queste parole Ken Johnson ha commentato i risultati di una ricerca che dimostra come, tra una decina d'anni, le distese azzurre del pianeta dovranno dire grazie proprio al fenomeno naturale che per settimane ha paralizzato gli aeroporti di tutto il mondo. Questo perché, spiega lo scienziato, circa il 30% degli oceani è povero di ferro, sostanza contenuta in abbondanza proprio nella polvere del vulcano Eyjafjallajökul. Nei prossimi anni, quando la polvere si sarà depositata del tutto, mescolando nel bene e nel male le sue sostanze a terra e mari, la sua azione fertilizzante sarà, è proprio il caso di dirlo, una "manna dal cielo".

Il contributo in ferro secondo gli studiosi permetterà agli ecosistemi marini di rigenerarsi: introducendo la sostanza nello strato più superficiale degli oceani aumenterà infatti la quantità di fitoplancton (plancton vegetale) e ciò a sua volta farà aumentare la quantità di cibo nel mare e, soprattutto, favorirà il rilascio di ossigeno e l'assorbimento di $CO^2$. Nel 2001 un altro studio aveva riscontrato che i livelli di ossido di carbonio nell'atmosfera erano costantemente aumentati tra il 1963 e il 1965, dopo l'eruzione del vulcano Mount Agung di Bali, in Indonesia, e fra il 1991 e il 1993, dopo quella del Mount Pinatubo nell'isola di Luzon, nelle Filippine. Questa ricerca, pubblicata sulla rivista *Geology*, conferma la relazione tra cambiamenti climatici globali ed eruzioni vulcaniche e dimostra inoltre che la polvere del vulcano islandese è in grado di rilasciare fosfato, ferro, silicio e magnesio molto rapidamente, appena entrata a contatto con l'acqua. "Tanto velocemente - continua lo studioso - da provocare una immediata utilità per piante ed ecosistemi". Già nel 2007 uno studio pubblicato su *Geophysical Research Letters* aveva testato direttamente gli effetti della polvere vulcanica (prendendo come punto di riferimento alcune eruzioni verificatesi in Costarica, Giappone e Alaska), concludendo che le sostanze in essa contenute avevano contribuito alla crescita del fitoplancton nei mari.

Ovviamente il rilascio di queste sostanze negli oceani è solo una delle conseguenze che la dispersione della polvere avrà sul pianeta, ma non tutte saranno positive. Secondo Vincenzo Ferrara, esperto di clima dell'Enea, "se le polveri avranno quantità e soprattutto energia termica tale da "bucare" la tropopausa e finire nella stratosfera, potrebbero restare lì anche anni e determinare cambiamenti climatici significativi". Lo studioso precisa anche che "le conseguenze di un'eruzione particolarmente ricca di composti attivi dal punto di vista dell'interazione con la radiazione solare (solfati), vengono osservate solitamente durante i due anni successivi all'evento". Il riscaldamento della stratosfera può superare (come nel caso dell'eruzione del Pinatubo nel giugno del 1991) gli 0,5 gradi centigradi su scala planetaria, provocando conseguenze imprevedibili su tutta la circolazione atmosferica. Non dimentichiamo infatti che l'eruzione dell'aprile 1815 del Monte Tambora in Indonesia provocò un tale abbassamento della temperatura da trasformare il 1816 in un anno senza estate.

Ma al di là di questi catastrofismi è opportuno concentrarsi sugli effetti positivi di questa eruzione. Anche se, come precisa Johnson, "l'oceano nord-Atlantico, dove la maggior parte della polvere vulcanica andrà a depositarsi, non è esattamente il luogo ideale per testare la teoria della "fertilizzazione vulcanica", poiché non si tratta di un mare carente di ferro come altri". Potrebbe tuttavia aver bisogno di fosfati, conclude il ricercatore californiano. Nessuno, in fondo, può stabilire con certezza quanto è vasto il panorama delle interazioni tra i fenomeni della natura.

da "La Repubblica", 30.04.2010

**1. Con l'espressione "manna dal cielo", alla riga 15 si intende:**
- ▢ A. cibo proveniente dal cielo.
- ▢ B. fortuna inaspettata.
- ▢ C. vincita non prevista.
- ▢ D. sostanza commestibile.

**2. In che cosa consiste l'azione fertilizzante della cenere vulcanica?**
- ▢ A. Nel rendere fertili pianure attualmente desertiche.
- ▢ B. Nel favorire lo sviluppo di alghe nella profondità degli oceani.
- ▢ C. Nel rendere coltivabili le pendici del vulcano.
- ▢ D. Nell'aumentare la quantità di plancton vegetale negli strati superficiali dell'oceano.

**3. Quali, tra i fenomeni elencati, <u>non</u> può essere una conseguenza di un'eruzione vulcanica?**
- ▢ A. Riscaldamento della stratosfera.
- ▢ B. Abbassamento della temperatura media sulla terra.
- ▢ C. Aumento di carbonio nell'atmosfera.
- ▢ D. Diminuzione dell'inquinamento dei mari.

**4. Perché i risultati degli studi sulla teoria della fertilizzazione vulcanica potrebbero non essere esaurienti?**
- ▢ A. Perché non si può prevedere dove si depositerà la polvere.
- ▢ B. Perché gli scienziati che la sostengono vivono in California, lontano dal vulcano.
- ▢ C. Perché la polvere si depositerà in un oceano già ricco di ferro.
- ▢ D. Perché il fenomeno va osservato per un periodo troppo lungo.

**5. Dove si trova il vulcano Eyjafjallajökul?**
- ▢ A. In California.
- ▢ B. In Islanda.
- ▢ C. In Alaska.
- ▢ D. In Indonesia.

**6. La teoria di Ken Johnson:**
- ▢ A. è nuova e del tutto originale.
- ▢ B. si basa su studi precedenti.
- ▢ C. è nuova, perché gli studi precedenti si occupavano solo del rapporto tra eruzioni e condizioni climatiche.
- ▢ D. è difficilmente verificabile.

**7. Il plancton è:**
- ▢ A. l'insieme di organismi animali e vegetali, spesso microscopici.
- ▢ B. una particolare alga.
- ▢ C. una sorta di barriera corallina.
- ▢ D. una sostanza chimica presente nell'acqua salata.

8. **Tra quanto tempo potranno essere osservati gli effetti prodotti dalle ceneri?**
- ▢ A. Tra una decina d'anni, quando le ceneri saranno completamente depositate.
- ▢ B. Nei due anni successivi all'eruzione.
- ▢ C. Alcuni effetti si possono verificare molto velocemente, altri richiedono anni.
- ▢ D. Tra un anno, come avvenne per il Monte Tambora.

9. **Quali conseguenze <u>non</u> deriveranno dall'aumento del fitoplancton?**
- ▢ A. Ci sarà maggiore quantità di cibo per i pesci.
- ▢ B. Sarà favorito il rilascio di ossigeno e l'assorbimento di anidride carbonica.
- ▢ C. Aumenterà la temperatura della stratosfera.
- ▢ D. Si rigenereranno gli ecosistemi marini.

10. **Perché alcune conseguenze delle eruzioni vulcaniche sono imprevedibili?**
- ▢ A. Perché non si può sapere dove si dirigono le polveri.
- ▢ B. Perché dipendono dalle interazioni fra i diversi fenomeni della natura.
- ▢ C. Perché rappresentano un ostacolo per l'uomo, ad esempio causando la sospensione dei voli aerei.
- ▢ D. Perché tutto dipende dalla composizione chimica delle polveri.

11. **Il testo ha lo scopo:**
- ▢ A. di fornire informazioni sui vulcani.
- ▢ B. di convincere che l'eruzione dell' Eyjafjallajökul ha soprattutto effetti positivi.
- ▢ C. di illustrare effetti positivi e negativi delle ceneri vulcaniche.
- ▢ D. di spaventare i lettori con inutili catastrofismi.

12. **Il verbo *testare*, alla riga 53, significa:**
- ▢ A. esaminare.
- ▢ B. sottolineare.
- ▢ C. scoprire.
- ▢ D. ipotizzare

13. **Completa la tabella indicando se le affermazioni sono vere (V) o false (F).**

| | | V | F |
|---|---|---|---|
| a. | Secondo i ricercatori, l'anidride carbonica diminuirà. | | |
| b. | Le radiazioni solari non mutano la composizione chimica delle ceneri. | | |
| c. | Le polveri potranno depositarsi sul fondo del mare o raggiungere gli strati più alti dell'atmosfera. | | |
| d. | La presenza di ceneri nell'atmosfera causa sempre un aumento della temperatura planetaria. | | |
| e. | La tropopausa è uno strato dell'atmosfera terrestre. | | |

**14.** **Quale fra queste scienze non è interessata allo studio dei vulcani e delle eruzioni?**

- ▢ A. Biologia.
- ▢ B. Cardiologia.
- ▢ C. Geologia.
- ▢ D. Climatologia.

**15.** **Ricerca nel brano due possibili conseguenze negative della presenza delle ceneri vulcaniche.**

a. ..............................................................................................................

b. ..............................................................................................................

## Quesiti di grammatica

**16.** **Alla riga 5, nell'espressione "dall'eruzione del vulcano islandese",** ***dall'eruzione*** **è complemento di:**

- ▢ A. causa.
- ▢ B. argomento.
- ▢ C. origine.
- ▢ D. moto da luogo.

**17.** **La parola** ***ecosistemi*** **è composta dal prefissoide** ***eco-*** **e dal sostantivo** ***sistemi.*** **Scrivi altri due vocaboli composti con lo stesso prefissoide.**

a. .............................................................. b. ..............................................................

**18.** **Alla riga 11, nell'espressione "contenuta in abbondanza",** ***in abbondanza*** **è complemento:**

- ▢ A. di stato in luogo.
- ▢ B. di limitazione.
- ▢ C. di abbondanza.
- ▢ D. di modo.

**19.** **La forma verbale** ***aveva riscontrato*** **è al tempo:**

- ▢ A. passato remoto indicativo.
- ▢ B. passato prossimo indicativo.
- ▢ C. trapassato remoto indicativo.
- ▢ D. trapassato prossimo indicativo.

**20.** **Alla riga 32, la frase "da provocare una immediata utilità" ha valore di:**

- ▢ A. finale.
- ▢ B. causale.
- ▢ C. consecutiva.
- ▢ D. oggettiva.

**21. Alla riga 37, nella frase "è solo una delle conseguenze", *delle conseguenze* è complemento:**

- ▢ A. partitivo.
- ▢ B. di specificazione.
- ▢ C. di denominazione.
- ▢ D. di paragone.

**22. Quale tra le seguenti parole <u>non</u> è un avverbio?**

- ▢ A. Rapidamente.
- ▢ B. Costantemente.
- ▢ C. Appartenente.
- ▢ D. Tanto.

**23. Alla riga 55, la frase "quanto è vasto il panorama delle interazioni tra i fenomeni della natura" è una subordinata:**

- ▢ A. oggettiva.
- ▢ B. interrogativa indiretta.
- ▢ C. soggettiva.
- ▢ D. dichiarativa.

**24. Alla riga 2, la frase "questo è ciò che sostengono" contiene:**

- ▢ A. 1 pronome.
- ▢ B. 2 pronomi.
- ▢ C. 3 pronomi (due dimostrativi e uno relativo).
- ▢ D. 3 pronomi (uno dimostrativo e due relativi).

**25. Alla riga 6, nell'espressione "che dimostra", il *che* è:**

- ▢ A. una congiunzione che introduce una subordinata oggettiva.
- ▢ B. un pronome che introduce una subordinata relativa.
- ▢ C. una congiunzione che introduce una subordinata consecutiva.
- ▢ D. un pronome che introduce una subordinata interrogativa indiretta.

Per la Prova
NAZIONALE

TESTO ARGOMENTATIVO

Competenze testuali, grammaticali, lessicali

Cognome

Nome

Classe

Data

# Africa, gli aiuti che fanno male

Nel gergo mafioso si chiama «incaprettamento», ed è un crudele modo di legare la vittima con le mani e i piedi dietro la schiena, affinché si strangoli da sola. Nel campo economico, si chiama «politica degli aiuti», ed è un modo di soffocare i Paesi poveri con prestiti a interesse che non riusciranno mai a onorare se non contraendo altri prestiti che accenderanno altri interessi e così via, fino all'asservimento totale della nazione ai voleri dei creditori.

Questa, almeno, è la tesi provocatoria di Dambisa Moyo, studiosa di economia, già consulente della Banca Mondiale e della Goldman Sachs, autrice di *Dead Aid*, un esplosivo saggio appena pubblicato in edizione tascabile. Lo scopo dichiarato di Dambisa Moyo è distruggere il falso mito della efficacia degli aiuti ai Paesi poveri: in realtà, sostiene la studiosa nativa dello Zambia, inondare di soldi le fragili nazioni africane serve solo ad arricchire gli speculatori e a tacitare le coscienze dei benefattori. I sempre più numerosi sostenitori della politica degli aiuti ritengono, spesso in assoluta buona fede, che il problema dei Paesi sottosviluppati sia la mancanza di denaro, e che, quindi, basti sopperire a tale mancanza per risolvere tutto. Ma, si sa, il pavimento dell'inferno è lastricato di buone intenzioni, e purtroppo, negli ultimi vent'anni, nessuno ha voluto fare un bilancio effettivo dei risultati ottenuti, altrimenti avrebbe scoperto che la situazione è drammaticamente peggiorata.

Tanto per fare un esempio, tra i molti citati dettagliatamente nel libro, il Pil di numerose nazioni africane, tra cui Malawi, Burundi e Burkina Faso, negli anni Ottanta superava quello della Cina. Per non parlare della situazione precedente, ossia quella coloniale, che nessuno rimpiange ma che, oggettivamente, garantiva maggiore libertà e benessere al continente africano, come dimostra l'autrice con dati e cifre inoppugnabili, che arrivano addirittura a mettere in discussione un altro dogma del politicamente corretto, quello della Democrazia. Siamo sicuri – si chiede la studiosa africana – che i regimi democratici siano la soluzione adatta a Paesi giovani, fragili e divisi in etnie in continuo contrasto fra loro? No, è la risposta, perché quella che è stata in Occidente una sofferta e lunga conquista durata secoli, non può diventare la panacea per risolvere situazioni totalmente diverse; anzi, può addirittura diventare il male di cui pretende di essere la cura. Qualche dato aiuta a comprendere meglio: negli ultimi cinquant'anni sono stati rovesciati sul Continente Nero 1000 miliardi di dollari. Nello stesso periodo, le guerre hanno mietuto 40 milioni di vite, e c'è un preciso nesso tra le due cifre.

La ricchezza è una maledizione, e se la disponibilità di materie prime è un dato di fatto, che ha fatalmente attirato l'interesse di individui e governi senza scrupoli, l'abbondanza di denaro proveniente dagli aiuti non è altrettanto inevitabile, e può quindi essere messa in discussione. Il problema è che, continua la Moyo, nessuno si è preso la briga di coinvolgere i diretti interessati.

È grottesco, ad esempio, che sia un cantante bianco e residente lontano dall'Africa come Bono a essere interpellato da George Bush in una visita ufficiale alla Casa Bianca nel 2005 o un suo sodale come Bob Geldof a partecipare al G8 tenutosi in Scozia sempre nel 2005, col ruolo di consigliere nella Commissione britannica per l'Africa. Ma purtroppo, come ha amaramente commentato un diplomatico africano, «la voce di un nero non può competere con la chitarra acustica di un bianco». E così, tra un cantante rock e l'altro, il circo degli aiuti prosegue, causando danni collaterali e altre vittime, oltre a quelle già citate delle guerre scatenate dall'avidità. La disponibilità di fondi, infatti, aumenta l'inflazione e annienta l'iniziativa privata, scoraggiando l'intraprendenza: chi mai si rimboccherebbe le maniche per ottenere un incerto guadagno quando, senza fatica alcuna, può avere «aiuti» gratis? Ecco allora che la popolazione non si ribella, la terra non viene più coltivata e al potere salgono i più corrotti.

Non è un caso se proprio dall'Occidente sono stati appoggiati e foraggiati i peggiori dittatori del Continente Nero, come il cannibale Idi Amin, il corrotto tiranno della Liberia Samuel Doe e l'«Imperatore» Bokassa, la cui cerimonia di incoronazione nel 1977 costò 22 milioni di dollari. Accertato il totale fallimento delle politiche africane perseguite durante l'ultimo mezzo secolo dall'Occidente, la Mayo offre alcune ragionevoli soluzioni, alcune sull'esempio di Muhammad Yunus, il banchiere dei poveri premio Nobel per la Pace nel 2006, che con la rete di microcredito da lui inventata ha aiutato a uscire dalla povertà milioni di abitanti del subcontinente indiano. Qualunque sia la soluzione, l'importante è agire, e farlo subito. Come dice un proverbio africano, il momento migliore per piantare un albero è vent'anni fa. Il secondo momento migliore è piantarlo ora.

adattato da L. Gallesi, in "Avvenire", 20.02.2010

1. **Perché la "politica degli aiuti" può soffocare i Paesi poveri?**
   - ▢ A. Perché gli aiuti sono così generosi che i Paesi poveri ne sono schiacciati.
   - ▢ B. Perché gli aiuti vengono concessi sotto forma di prestito e devono essere restituiti con gli interessi.
   - ▢ C. Perché chi viene aiutato deve a sua volta aiutare altri.
   - ▢ D. Perché i Paesi poveri non vogliono essere aiutati da altri Paesi.

2. **Che cosa significa l'espressione "il pavimento dell'inferno è lastricato di buone intenzioni" (riga 21)?**
   - ▢ A. Che avere buone intenzioni conduce all'inferno.
   - ▢ B. Che non sempre le buone intenzioni hanno risultati positivi.
   - ▢ C. Che l'inferno non è un luogo così brutto come lo si dipinge.
   - ▢ D. Che le buone intenzioni hanno sempre effetti negativi.

3. **Alla riga 39, la parola *panacea* può essere sostituita con:**
   - ▢ A. strada.
   - ▢ B. politica.
   - ▢ C. conquista.
   - ▢ D. rimedio.

4. **Perché gli aiuti economici non sono utili alle nazioni africane? Individua la risposta <u>non</u> corretta.**
   - ▢ A. Perché provocano guerre.
   - ▢ B. Perché i soldi non fanno la felicità.
   - ▢ C. Perché non vengono utilizzati per chi ne ha veramente bisogno.
   - ▢ D. Perché non sono sufficienti a risolvere i problemi esistenti.

5. **Quale sarebbe la soluzione migliore, secondo la Moyo, per aiutare efficacemente l'Africa?**
   - ▢ A. Coinvolgere i diretti interessati.
   - ▢ B. Ritornare al controllo da parte delle potenze coloniali.
   - ▢ C. Stabilire nei Paesi africani governi dittatoriali.
   - ▢ D. Interrompere le donazioni da parte dei Paesi occidentali.

6. **Che cosa significa, la parola *sodale* (riga 51)?**
   - ▢ A. Rivale.
   - ▢ B. Che svolge la stessa attività.
   - ▢ C. Che dimostra solidarietà.
   - ▢ D. Cantante.

7. **Che cosa prevede la "rete di microcredito" inventata da Yunus (riga 67)?**
   - ▢ A. La creazione di piccole banche.
   - ▢ B. La creazione di una rete di pacifisti.
   - ▢ C. La concessione di piccoli prestiti ai poveri.
   - ▢ D. L'apertura di una banca destinata solo ai poveri.

8. **Perché "dall'Occidente sono stati appoggiati e foraggiati i peggiori dittatori del Continente Nero" (riga 61)?**
   - ▢ A. Perché l'Occidente appoggia le dittature.
   - ▢ B. Perché l'Occidente non controlla in quali mani finiscano gli aiuti umanitari e come vengano utilizzati.
   - ▢ C. Perché i dittatori minacciano l'Occidente.
   - ▢ D. Perché l'Occidente pensa di poter controllare meglio i dittatori che i governi democratici.

9. **Alla riga 58, i due punti introducono:**
   - ▢ A. un elenco di circostanze.
   - ▢ B. una frase che contraddice quanto affermato prima.
   - ▢ C. una frase che spiega quanto affermato prima.
   - ▢ D. una frase che elenca le condizioni per cui può verificarsi quanto affermato in precedenza.

10. **Perché l'economista Mayo ritiene che la democrazia non sia una forma di governo adatta all'Africa?**
    - ▢ A. Perché in Africa ci sono molte guerre.
    - ▢ B. Perché in Africa ci sono etnie diverse.
    - ▢ C. Perché l'Occidente non può pretendere che altri continenti seguano le sue regole.
    - ▢ D. Perché le nazioni africane sono giovani e devono compiere un lungo cammino verso la democrazia.

11. **Alla riga 27, la sigla PIL è un indice:**
    - ▢ A. della ricchezza di una nazione.
    - ▢ B. dell'estensione di una nazione.
    - ▢ C. del popolamento di una nazione.
    - ▢ D. del livello di istruzione di una nazione.

12. **Lo scopo dell'articolo è:**
    - ▢ A. far cessare la politica degli aiuti.
    - ▢ B. far conoscere le tesi di Dambisa Mayo.
    - ▢ C. far conoscere i problemi dell'Africa.
    - ▢ D. dimostrare che i soldi non risolvono i problemi.

13. **Perché nell'articolo si criticano i cantanti Bono e Bob Geldof e il loro impegno per l'Africa?**
    - ▢ A. Perché sono entrambi bianchi.
    - ▢ B. Perché la musica rock non ha attinenza con i problemi africani.
    - ▢ C. Perché sarebbe meglio che ad occuparsi dell'Africa fossero gli africani.
    - ▢ D. Perché i loro concerti non servono alla causa dell'Africa ma sono solo una trovata pubblicitaria.

**14. Alla riga 20, il verbo *sopperire* può essere sostituito con:**

- ▢ A. sostituire.
- ▢ C. prevedere.
- ▢ B. far fronte.
- ▢ D. far morire.

**15. Che cosa insegna il proverbio africano citato in conclusione?**

- ▢ A. Insegna che è importante piantare alberi.
- ▢ B. Insegna che è inutile rivangare il passato.
- ▢ C. È un proverbio inutile che non dà insegnamenti.
- ▢ D. Insegna che è importante non perdere altro tempo.

## Quesiti di grammatica

**16. Alla riga 7, la parola *asservimento* è un:**

- ▢ A. aggettivo qualificativo.
- ▢ B. nome concreto.
- ▢ C. avverbio di modo.
- ▢ D. nome astratto.

**17. Alla riga 10, nell'espressione "studiosa di economia", *studiosa* è:**

- ▢ A. attributo.
- ▢ B. soggetto.
- ▢ C. apposizione.
- ▢ D. parte nominale.

**18. La frase "i sostenitori della politica degli aiuti ritengono che basti sopperire a tale mancanza per risolvere tutto" è formata da:**

- ▢ A. 1 proposizione principale, 1 sub. oggettiva, 1 sub. soggettiva e 1 sub. finale.
- ▢ B. 1 proposizione principale, 1 sub. oggettiva, 1 sub. finale.
- ▢ C. 1 proposizione principale, 1 sub. soggettiva, 1 sub. finale.
- ▢ D. 1 proposizione principale, 3 proposizioni coordinate.

**19. Alla riga 46, *proveniente* è:**

- ▢ A. un verbo, al modo participio, tempo passato.
- ▢ B. un aggettivo.
- ▢ C. un verbo, al modo participio, tempo presente.
- ▢ D. un avverbio.

**20. Alla riga 61, l'espressione "dall'Occidente" è un complemento:**

- ▢ A. di moto da luogo.
- ▢ B. di stato in luogo.
- ▢ C. di provenienza.
- ▢ D. di causa efficiente.

21. **Quale di queste frasi <u>non</u> contiene un verbo alla forma passiva?**
- ▢ A. La rete di microcredito da lui inventata.
- ▢ B. La terra non viene più coltivata.
- ▢ C. La situazione è peggiorata.
- ▢ D. Miliardi di dollari sono stati rovesciati sul Continente Nero.

22. **Alla riga 21, nell'espressione "è lastricato di buone intenzioni", *di buone intenzioni* è un complemento:**
- ▢ A. di specificazione.
- ▢ B. di modo.
- ▢ C. di denominazione.
- ▢ D. di mezzo.

23. **Alla riga 55, la frase "causando danni collaterali e altre vittime" è:**
- ▢ A. una proposizione principale.
- ▢ B. una subordinata modale.
- ▢ C. una subordinata temporale.
- ▢ D. una subordinata causale.

24. **Nella frase "avrebbe scoperto che la situazione è drammaticamente peggiorata" (riga 24), la subordinata introdotta dal *che* è una:**
- ▢ A. soggettiva.
- ▢ B. oggettiva.
- ▢ C. dichiarativa.
- ▢ D. relativa.

25. **Alle righe 1 e 3, nelle espressioni "si chiama" e "si strangoli", la particella *si*:**
- ▢ A. ha la medesima funzione.
- ▢ B. nel primo caso ha valore riflessivo, nel secondo valore passivante.
- ▢ C. nel primo caso ha valore passivante, nel secondo valore riflessivo.
- ▢ D. nel primo caso ha valore passivante, nel secondo introduce una forma impersonale.

Per la Prova
**NAZIONALE**

TESTO ARGOMENTATIVO

Competenze testuali, grammaticali, lessicali

Cognome

Nome

Classe

Data

# Nucleare: ci risiamo?

Vent'anni fa l'Italia bocciò l'energia atomica. Oggi, con il petrolio a 100 dollari al barile e i gas serra che ci soffocano, la domanda torna d'attualità: nucleare sì o nucleare no? Il problema è difficile, ma fondamentale.

Per tentare di capirlo, bisogna partire proprio dai giorni di quel referendum. Erano l'8 e il 9 novembre 1987: quasi 30 milioni di italiani andarono alle urne. Fu un "no" deciso, più dell'80% scelse di abrogare il piano nazionale per la localizzazione delle centrali atomiche. C'è chi sostiene che fu un voto emotivo, condizionato dalla paura: il 26 aprile dell'anno precedente c'era stato il disastro di Chernobyl. L'esplosione della vecchia centrale russa aveva contaminato un'area di circa 150 chilometri quadrati, provocando 31 morti subito dopo l'incidente e in seguito, a causa delle radiazioni, alcune migliaia di vittime. Ci sentimmo tutti più fragili.

Sarebbe però sbagliato ridurre il significato di quel responso all'impatto psicologico di Chernobyl. Il "no" aveva motivazioni diverse, fondate su elementi di fatto razionali sostenuti, oggi come allora, dagli ambientalisti e da un vasto fronte anti-nucleare. Per quanto l'impianto russo fosse vecchio e poco sicuro, il pericolo del malfunzionamento di una centrale dura ancora oggi, nonostante l'evoluzione tecnologica l'abbia notevolmente ridotto. Poi c'è la questione irrisolta delle scorie radioattive il cui smaltimento richiede controlli per migliaia di anni e implica costi elevati. L'Italia, infine, ha altri due ostacoli: è territorio sismico e ha un'alta densità abitativa. Senza considerare la difficoltà di scegliere il luogo dove costruire una centrale atomica in un paese che fa la rivoluzione per una pattumiera.

Ma ora, di fronte all'aumento vertiginoso dei combustibili fossili e soprattutto alle minacce dell'inquinamento, possiamo ancora rifiutare l'energia nucleare? E quali sono le alternative praticabili per fronteggiare la crisi energetica che investe l'intero pianeta? Qui si apre un confronto fatto non soltanto di cifre, ma anche di valutazioni soggettive. Per ogni dato contro il nucleare, se ne può trovare un altro a favore. L'unica certezza è elementare: per avere più energia bisogna consumarne meno.

È soprattutto sui falsi miti del nucleare che si fonda l'opposizione degli ambientalisti. A cominciare da un dato che fa riflettere: negli ultimi 60 anni il nucleare ha assorbito circa l'80% degli investimenti in ricerca energetica, ma attualmente questa fonte copre poco più del 6% del fabbisogno mondiale. Un contributo che sarebbe destinato a ridursi al 4,5% da qui al 2030, secondo l'International Energy Agency (Iea).

Quanto ai costi, è generalmente riconosciuto che quella nucleare è la fonte più cara. Se oggi si decidesse di costruire una nuova centrale, 1 chilowattora verrebbe a costare 6,13 centesimi di dollaro contro i 4,96 di energia prodotta da gas, i 5,05 da fonte eolica e i 5,34 da carbone. Ai costi di produzione bisognerebbe poi aggiungere quelli per lo smaltimento delle scorie, difficilmente quantificabili perché non esistono certezze in merito. Un documento del Wwf apre scenari apocalittici: "Non esiste la possibilità scientifica di dimostrare che le condizioni di sicurezza richieste dai rifiuti radioattivi di terza categoria possano essere mantenuti per centinaia di migliaia di anni… e anche se fosse possibile, sarebbero altissimi i costi per difendere le scorie dal rischio crescente di attacchi terroristici."

Chi è favorevole all'atomo ricorda che Chernobyl è stato l'unico incidente di 60 anni di produzione elettronucleare. E che fu la conseguenza di un esperimento, vietato da tutte le procedure di sicurezza, equivalente a quello di "un'auto senza pilota lanciata giù da una strada di montagna". Un disastro irripetibile, insomma. Ne è convinto il professor Umberto Veronesi, ex ministro della sanità e famoso oncologo, che lancia un appello: "Basta con il panico da primitivi spaventati dal fuoco: il nucleare non comporta rischi né per la salute, né per l'ambiente. Il governo italiano deve costruire 10 centrali nei prossimi 10 anni."

L'Italia è il solo tra i paesi industrializzati a non avere impianti nucleari: la Francia ha 59 centrali, la Gran Bretagna 23, la Germania 17, gli Stati Uniti 104. Ne ha una cinquantina anche il Giappone, più sismico e popolato di noi. Oggi dipendiamo dall'estero per l'85% del fabbisogno energetico. Comperiamo l'energia soprattutto dalla Francia che pullula di centrali nucleari a un paio di ore (di vento) da casa nostra. Ha senso proclamarsi "Paese non nucleare", come se gli eventuali veleni riconoscessero i confini e fossero pronti a fermarsi?

Sono problemi mondiali che si risolvono soltanto insieme, con una decisione unanime. In ogni caso, se uno decide di privarsi del nucleare, dovrebbe sostituirlo con qualcosa d'altro. Sembra elementare. Intanto continuiamo ad andare a petrolio e a gas, che costano cari, inquinano e vengono dalle zone più instabili del pianeta, e sono nelle mani di paesi che possono farne uso di ricatto.

"Avete sole e vento, sfruttateli meglio", suggerisce Jeremy Rifkin, teorico dell'economia dell'idrogeno e consulente Ue. È quello che stanno facendo molti altri paesi: puntano sulle energie naturali. Ma le previsioni non sono buone: entro 20 anni 3 miliardi e mezzo di cinesi e indiani raddoppieranno il loro consumo di energia. Quale sarà il fabbisogno europeo con esattezza non si sa, ma è difficile ritenere che possano bastare pannelli solari e mulini a vento. Le altre energie alternative? I fautori del nucleare osservano che spesso hanno effetti economici o ambientali indesiderabili. L'utilizzo dei trucioli di legno per la produzione di bioetanolo ha fatto lievitare il prezzo del compensato. L'uso di grano e mais per lo stesso scopo è in parte all'origine dell'aumento del prezzo dei cereali e del pane. Le piantagioni di palma per la produzione di biodisel hanno decretato la scomparsa, soprattutto in Indonesia, di grandi foreste naturali. In ogni caso il risparmio (o consumo più intelligente) e la diversificazione delle fonti di energia sembrano le sole strade percorribili.

adattato da C. Mussa, *Nucleare: ci risiamo?* in "Mondoerre", febbraio 2008

**1. Per quale motivo il referendum del 1987 scelse di abrogare il piano nazionale per le centrali atomiche?**

- ▢ A. Per motivi razionali ed emotivi.
- ▢ B. Per motivi esclusivamente emotivi.
- ▢ C. Per motivi esclusivamente razionali.
- ▢ D. A causa del disastro di Chernobyl.

**2. La parola *abrogare*, alla riga 8, significa:**

- ▢ A. approvare.
- ▢ B. annullare.
- ▢ C. modificare.
- ▢ D. sostenere.

**3. Perché recentemente si è tornati a parlare di nucleare in Italia?**

- ▢ A. Perché si stanno esaurendo le fonti energetiche.
- ▢ B. Perché i combustibili fossili costano sempre di più.
- ▢ C. Perché ci si è dimenticati del disastro di Chernobyl.
- ▢ D. Perché l'Italia non può sfruttare fonti di energia alternativa.

**4. Che attinenza c'è tra il fatto che l'Italia sia un paese sismico e l'energia nucleare?**

- ▢ A. Non c'è alcuna attinenza.
- ▢ B. Non si possono sotterrare le scorie radioattive.
- ▢ C. Si può pensare di sfruttare l'energia dei terremoti.
- ▢ D. Un eventuale terremoto metterebbe a rischio la sicurezza delle centrali nucleari.

5. **Che attinenza c'è tra il fatto che l'Italia sia un paese ad alta densità abitativa e l'energia nucleare?**
   - ☐ A. Essendoci una grande quantità di popolazione, serve molta energia.
   - ☐ B. È difficile trovare uno spazio abbastanza isolato per costruire una centrale.
   - ☐ C. Non c'è alcuna attinenza.
   - ☐ D. Nessun centro abitato vuole avere vicino a sé una centrale nucleare.

6. **Quale tra le affermazioni seguenti <u>non</u> è a sostegno dell'energia nucleare?**
   - ☐ A. Quello di Chernobyl è stato l'unico incidente in sessant'anni.
   - ☐ B. Paesi confinanti con l'Italia possiedono centrali nucleari.
   - ☐ C. L'energia nucleare copre poco più del 6% del fabbisogno mondiale nonostante gli investimenti nella ricerca.
   - ☐ D. L'energia nucleare non produce inquinamento atmosferico.

7. **La frase "Basta con il panico da primitivi spaventati dal fuoco" (riga 5-9) significa che:**
   - ☐ A. l'Italia è un paese primitivo.
   - ☐ B. tutte le fonti di energia, quando vengono scoperte, provocano panico.
   - ☐ C. avere timore dell'energia nucleare è da primitivi.
   - ☐ D. è necessario superare la paura per avanzare verso il progresso.

8. **Che cosa significa "zone instabili del pianeta" alla riga 72?**
   - ☐ A. Zone con una situazione politica non molto chiara.
   - ☐ B. Zone sismiche.
   - ☐ C. Zone impervie.
   - ☐ D. Zone governate da persone poco affidabili.

9. **Indica quale tra le seguenti affermazioni è falsa.**
   - ☐ A. Sole e vento sono energie naturali.
   - ☐ B. Nessuna energia alternativa causa danni all'ambiente.
   - ☐ C. Quando alcuni materiali vengono usati come fonte di energia il loro prezzo sale.
   - ☐ D. L'unica alternativa al nucleare è la diversificazione di fonti energetiche e un consumo intelligente.

10. **Il testo che hai letto è di tipo:**
   - ☐ A. descrittivo.
   - ☐ B. narrativo.
   - ☐ C. regolativo.
   - ☐ D. argomentativo.

11. **Il problema del fabbisogno energetico:**
   - ☐ A. riguarda solo l'Italia.
   - ☐ B. è un problema mondiale.
   - ☐ C. riguarda i paesi senza centrali nucleari.
   - ☐ D. riguarda i paesi che non possiedono giacimenti di gas o petrolio.

**12. Quello di Chernobyl è definito un "disastro irripetibile" (riga 57) perché:**

- ☐ A. non potrà mai esserci un disastro di uguali proporzioni.
- ☐ B. non potrà ripetersi perché frutto di un errore umano.
- ☐ C. non potrà ripetersi perché è stato l'unico incidente in sessant'anni.
- ☐ D. non potrà ripetersi perché ancora oggi non sappiamo con precisione che cosa sia accaduto.

**13. Alla riga 76, la congiunzione *ma* ("ma le previsioni non sono buone...") introduce:**

- ☐ A. una spiegazione.
- ☐ B. una conseguenza.
- ☐ C. una causa.
- ☐ D. un'opposizione.

**14. Alla riga 79, nell'espressione "i fautori del nucleare", *fautori* significa:**

- ☐ A. sostenitori.
- ☐ B. avversari.
- ☐ C. contrari.
- ☐ D. costruttori.

**15. L'energia nucleare è una fonte:**

- ☐ A. economica.
- ☐ B. molto cara perché occorre una continua ricerca scientifica.
- ☐ C. molto cara per la produzione e per lo smaltimento delle scorie.
- ☐ D. molto cara per la scarsità di uranio.

## Quesiti di grammatica

**16. Nella frase "Per tentare di capirlo bisogna partire proprio dai giorni di quel referendum" ci sono:**

- ☐ A. una principale esplicita e 2 subordinate implicite.
- ☐ B. una principale esplicita, 1 subordinata implicita e una esplicita.
- ☐ C. una principale esplicita e 3 subordinate implicite.
- ☐ D. una principale implicita e 2 subordinate implicite.

**17. Alla riga 8 la frase "scelse di abrogare il piano nazionale per la localizzazione delle centrali atomiche" contiene:**

- ☐ A. un complemento oggetto, un complemento di causa, un complemento di specificazione.
- ☐ B. un complemento oggetto, un complemento di fine, un complemento di specificazione.
- ☐ C. un soggetto, un complemento di fine, un complemento di specificazione.
- ☐ D. un complemento oggetto, un complemento di causa, un complemento di denominazione.

**18. Alla riga 16, nell'espressione "sarebbe sbagliato", *sbagliato* è:**

- ☐ A. complemento di modo.
- ☐ B. complemento oggetto.
- ☐ C. parte nominale.
- ☐ D. attributo.

**19. Alla riga 24, nell'espressione "il cui smaltimento", *il cui* è:**

- ☐ A. pronome relativo che significa "delle quali".
- ☐ B. pronome possessivo che significa "il suo".
- ☐ C. pronome possessivo che significa "il loro".
- ☐ D. pronome relativo che significa "le quali".

**20. Nella frase "è generalmente riconosciuto che quella nucleare è la fonte più cara", il soggetto di *è riconosciuto* è:**

- ☐ A. sottinteso.
- ☐ B. mancante perché il verbo è impersonale.
- ☐ C. quella nucleare.
- ☐ D. una frase soggettiva.

**21. Nella frase "anche se fosse possibile sarebbero altissimi i costi", i verbi sono:**

- ☐ A. entrambi al condizionale presente.
- ☐ B. un congiuntivo presente e un condizionale presente.
- ☐ C. un condizionale presente e un congiuntivo passato.
- ☐ D. un congiuntivo imperfetto e un condizionale presente.

**22. Alla riga 60, le congiunzione *né … nè* sono:**

- ☐ A. avversative.
- ☐ B. correlative.
- ☐ C. copulative.
- ☐ D. conclusive.

**23. Alla riga 62, la frase "a non avere impianti nucleari" è una subordinata:**

- ☐ A. finale.
- ☐ B. concessiva.
- ☐ C. causale.
- ☐ D. relativa.

**24. Nella frase "continuiamo ad andare a petrolio e a gas" (riga 71), *a petrolio* e *a gas* sono complementi:**

- ☐ A. di fine.
- ☐ B. di mezzo.
- ☐ C. di termine.
- ☐ D. di moto a luogo.

**25. Indica in quale caso l'elisione è stata operata in modo non corretto:**

- ☐ A. qualcosa d'altro.
- ☐ B. un'irripetibile disastro.
- ☐ C. l'unico incidente.
- ☐ D. un'alta densità abitativa.

PER LA PROVA NAZIONALE

TESTO NON CONTINUO

Competenze testuali, grammaticali, lessicali

Cognome ______________________

Nome ______________________

Classe ______________________

Data ______________________

# Nell'occhio del ciclone

Un uragano è una violenta tempesta che si forma da una circolazione ciclonica sopra un oceano, con venti che superano i 137 Km/h e che ruotano intorno ad un'area centrale di bassa pressione denominata occhio, dove i fenomeni sono nulli e la nuvolosità si presenta scarsa.
Tale movimento intorno all'**occhio del ciclone** avviene in **senso antiorario** nell'emisfero Boreale (emisfero nord), in **senso orario** in quello Australe (emisfero sud).
A seconda della velocità del vento, tale circolazione ciclonica viene così definita e classificata:

- PERTURBAZIONE TROPICALE (tropical disturbance).
costituita da un'area con presenza di violenti temporali in spostamento dalle zone tropicali verso le coste.

- DEPRESSIONE TROPICALE (tropical depression).
circolazione rotatoria con venti costanti intorno a 70 Km/h.

- TEMPESTA TROPICALE (tropical storm).
distinta circolazione rotatoria con venti che soffiano tra 71 e 135 Km/h, solitamente l'anticamera dell'uragano o il suo stadio finale una volta toccata la terraferma.

- URAGANO (hurricane).
pronunciata circolazione rotatoria con venti che soffiano oltre 135 Km/h. Il suo nome deriva, secondo alcuni studiosi, dal nome del dio caraibico "Hurican", il dio del male.

Inoltre a seconda delle diverse zone in cui si manifesta assume un nome diverso:

| | |
|---|---|
| HURRICANE (uragano) | - nella zona Atlantica e del Golfo del Messico |
| TIFONE | - nella zona del Pacifico Settentrionale (Giappone) |
| CICLONE | - in India |
| WILLY WILLY | - in Australia |

In tutte le altre regioni si usa comunemente il termine uragano.

Nell'oceano Atlantico si formano tra i 10 e i 12 uragani all'anno, che vengono denominati seguendo un elenco di nomi propri di persona in ordine alfabetico: l'elenco originale comprendeva solo nomi femminili, ma dal 1979 sono stati introdotti anche nomi maschili alternati ai primi. Sei liste sono usate a rotazione; questo significa che, per esempio, la lista del 2005 sarà usata anche nel 2011. L'eliminazione di un nome che ricorda un uragano particolarmente violento e distruttivo può avvenire su richiesta dei paesi che hanno subito particolari devastazioni, come è accaduto per l'uragano Katrina, del 2005. L'esperienza ha dimostrato che l'uso di nomi brevi nella comunicazione scritta e orale è più veloce e meno soggetto a errori rispetto al vecchio metodo di identificazione degli uragani che prevedeva si citasse la latitudine e la longitudine.

Il luogo di nascita delle perturbazioni tropicali è solitamente sito tra il 5° e il 15° grado di latitudine nord e sud negli oceani tropicali. Qui, infatti, si trovano i fattori necessari allo sviluppo di tali perturbazioni:
- la temperatura elevata delle acque superficiali (sopra i 26 °C);
- l'assenza di vento (calme equatoriali).

In queste zone vi è un forte riscaldamento degli strati bassi dell'atmosfera favorito anche dalla costante azione della radiazione solare, il che unito all'assenza di vento, favorisce la convezione dell'aria, cioè il suo moto verticale verso l'alto, la quale poi raffreddandosi produce la condensazione liberando grandi quantità di calore latente. Per innescare invece la rotazione di tale massa d'aria interviene la ***forza di Coriolis*** che causa la rotazione, come detto prima, in senso antiorario nel nostro emisfero e con velocità sempre maggiori mano a mano che ci si avvicina al centro del vortice. Innescata la rotazione entrano in gioco nuove forze: quella di *gradiente* (differenza di temperatura tra il livello del mare e le alte quote) e quella *centrifuga.* Lo sviluppo dura generalmente dalle 12 alle 60-72 ore. Durante questa fase la pressione al centro del vortice è in continua diminuzione, mentre "stranamente" i venti non raggiungono ancora velocità elevate.

Infatti questo avviene a quasi completo sviluppo del vortice quando la pressione crolla e i venti raggiungono e superano i 150 Km/h. Raggiunta la maturità, la pressione cessa di calare mentre aumenta contemporaneamente l'area interessata da forti piogge e battuta dai venti che possono raggiungere anche un raggio di 380 Km. Gli uragani diminuiscono d'intensità quando il loro *carburante* si esaurisce e questo perché il ciclone si sposta sulla terraferma non ricevendo così l'apporto di calore-umidità dal mare, oppure perché si sposta verso latitudini più alte dove le acque superficiali sono più fredde. Indebolendosi, l'uragano prima diviene una tempesta tropicale, poi una semplice perturbazione extratropicale e quest'ultima a volte capita che raggiunga l'Atlantico europeo e, successivamente, l'Europa, dopo aver risalito tutta la costa americana.

## Classificazione in base ai danni materiali.

| Categoria | Effetti | Esempi |
|---|---|---|
| 1<br>Minimo | Nessun danno rilevante agli edifici; leggeri danni alle case mobili, alla vegetazione, agli alberi. Strade costiere allagate; pochi danni ai pontili. | Uragano Florence 1988. |
| 2<br>Moderato | Danneggiati i tetti, le porte, le finestre delle abitazioni; danni considerevoli alla vegetazione, alle case mobili, ai pontili; piccole imbarcazioni strappate agli ormeggi. | Uragano Kate 1985. |
| 3<br>Forte | Danni strutturali alle piccole abitazioni; case mobili distrutte; vegetazione rasa al suolo; coste erose per diversi metri e pesanti allagamenti fino a 8 miglia dalla costa. | Uragano Alicia 1983. |
| 4<br>Estremo | Muri portanti delle abitazioni in muratura danneggiati; tetti completamente distrutti nelle piccole abitazioni; strade costiere distrutte; abitazioni evacuate fino a 6 miglia dalla costa. | Uragani Hugo 1989 e Andrew 1992. |
| 5<br>Catastrofico | Distruzione totale dei tetti delle abitazioni e degli edifici industriali; piccole case rase al suolo o scaraventate in aria; abitazioni evacuate oltre 10 miglia dalla costa. | Uragano Camille 1969. |

adattato da www.vialattea.net

**1. Individua l'affermazione errata. Le tipologie di uragano vengono classificate in base:**
- ▢ A. alla velocità del vento.
- ▢ B. ai danni provocati.
- ▢ C. alle forze che creano il vortice.
- ▢ D. alle zone del globo in cui si sviluppano.

**2. Viene indicata col nome di *uragano*:**
- ▢ A. qualsiasi tempesta particolarmente violenta.
- ▢ B. qualsiasi tempesta si sviluppi a nord dell'equatore.
- ▢ C. una tempesta con venti che superano i 135 km/h.
- ▢ D. una tempesta che dall'oceano si muove verso le coste.

3. **Quale tra queste condizioni <u>non</u> è necessaria allo sviluppo di un uragano?**

- ☐ A. Presenza di coste rocciose.
- ☐ C. Presenza di un oceano.
- ☐ B. Latitudine tropicale.
- ☐ D. Calma equatoriale.

4. **I singoli uragani vengono denominati con nomi propri:**

- ☐ A. per renderli meno paurosi e più familiari.
- ☐ B. perché è un sistema di identificazione rapido.
- ☐ C. perché si spostano così rapidamente che non è possibile calcolarne la posizione geografica.
- ☐ D. per un'antica tradizione caraibica.

5. **Ordina, nella giusta sequenza, le fasi che portano allo sviluppo di un uragano, trascrivendo in ordine nelle caselle le lettere corrispondenti alle fasi.**

- ☐ A. L'aria calda sale verso l'alto.
- ☐ B. La forza di Coriolis imprime alla massa d'aria il movimento rotatorio.
- ☐ C. Gli strati bassi dell'atmosfera si surriscaldano.
- ☐ D. L'aria si raffredda rilasciando grandi quantità di calore latente.

☐ ☐ ☐ ☐

6. **È possibile che un uragano raggiunga l'Europa?**

- ☐ A. No, perché l'Europa non si trova in una zona tropicale.
- ☐ B. Sì, ma solo nella fase di indebolimento.
- ☐ C. Sì, a causa del surriscaldamento del pianeta.
- ☐ D. No, perché l'Europa non è circondata da oceani.

7. **Che cosa costituisce il "carburante" che mantiene attivo un uragano?**

- ☐ A. La forza centrifuga.
- ☐ C. La bassa pressione.
- ☐ B. Il calore e l'umidità marini.
- ☐ D. Il vento.

8. **Perché sono le isole oceaniche quelle che subiscono danni maggiori dagli uragani?**

- ☐ A. Perché sono circondate dall'oceano, da cui l'uragano viene alimentato.
- ☐ B. Perché sono molto piccole.
- ☐ C. Perché lì le abitazioni sono spesso precarie.
- ☐ D. Perché la popolazione non può essere facilmente evacuata.

9. **L'uragano Camille, del 1969, fu particolarmente catastrofico: quando potrebbe essersi ripetuto un uragano con lo stesso nome?**

- ☐ A. Nel 1972.
- ☐ C. Nel 1978.
- ☐ B. Nel 1975.
- ☐ D. Nel 1980.

10. **Alla riga 4, che cosa si intende con la parola "fenomeni"?**

- ☐ A. Eventi particolarmente importanti.
- ☐ B. Eventi disastrosi.
- ☐ C. Fenomeni atmosferici come pioggia o vento.
- ☐ D. Allagamenti.

**11. Indica se le affermazioni sono vere o false.**

- ▢ A. Un uragano può avere uno stadio iniziale simile a una tempesta tropicale.
- ▢ B. In India i cicloni si sviluppano e si spostano senza la presenza di venti.
- ▢ C. Un uragano può durare un'intera settimana.
- ▢ D. Se un uragano si sposta verso zone più fredde la sua intensità diminuisce.
- ▢ E. Le città lungo le coste sono più esposte agli effetti degli uragani rispetto a quelle dell'entroterra.

**12. La parola "innescata", alla riga 48, può essere sostituita con:**

- ▢ A. messa in moto.
- ▢ B. accesa.
- ▢ C. trasmessa.
- ▢ D. esplosa.

**13. Il testo che hai letto è di tipo:**

- ▢ A. narrativo.
- ▢ B. informativo.
- ▢ C. descrittivo.
- ▢ D. argomentativo.

**14. Alla riga 61, tenendo conto del contesto, l'espressione "indebolendosi" può essere sostituita con:**

- ▢ A. poiché si indebolisce.
- ▢ B. mentre si indebolisce.
- ▢ C. se si indebolisce.
- ▢ D. nonostante si indebolisca.

**15. Nel caso di un uragano classificato "forte", che cosa significa l'espressione "coste erose"?**

- ▢ A. Le zone costiere vengono allagate.
- ▢ B. Le case collocate nelle zone costiere vengono demolite.
- ▢ C. La violenza dell'uragano distrugge parte della costa trascinando con sé detriti e rocce.
- ▢ D. La potenza dei venti scatena sulle coste tempeste di sabbia.

## Quesiti di grammatica

**16. Indica la frase corretta dal punto di vista ortografico.**

- ▢ A. Nonostante l'evaquazione delle abitazioni, l'uragano ha danneggiato la vegetazione e ha causato un'erosione notevole delle coste.
- ▢ B. Nonostante l'evacuazione delle abitazioni, l'uragano ha dannegiato la vegetazzione e ha causato un'erosione notevole delle coste.
- ▢ C. Nonostante l'evacuazione delle abitazioni l'uragano ha danneggiato la vegetazione e ha causato un'erosione notevole delle coste.
- ▢ D. Nonostante l'evacuazione delle abitazioni l'uragano ha danneggiato la vegetazione e ha causato un erosione notevole delle coste.

**17. Alla riga 43, l'espressione *dalla costante azione* è complemento:**

- ▢ A. di origine.
- ▢ B. di causa efficiente.
- ▢ C. di causa.
- ▢ D. di mezzo.

**18. Alla riga 55, la frase "raggiunta la maturità" è una subordinata:**

- ▢ A. causale esplicita.
- ▢ B. finale esplicita.
- ▢ C. modale implicita.
- ▢ D. temporale implicita.

**19. Quale tra le seguenti forme verbali non è passiva?**

- ▢ A. Vengono denominati.
- ▢ B. Sono stati introdotti.
- ▢ C. Aver risalito.
- ▢ D. È collocato.

**20. Nella frase "In queste zone vi è un forte riscaldamento degli stati bassi dell'atmosfera" ci sono:**

- ▢ A. due attributi.
- ▢ B. un attributo e un'apposizione.
- ▢ C. tre attributi.
- ▢ D. quattro attributi.

**21. In quale tra le seguenti espressioni la particella *si* non ha valore riflessivo?**

- ▢ A. La nuvolosità si presenta scarsa.
- ▢ B. Si trovano i fattori necessari.
- ▢ C. Ci si avvicina al centro del vortice.
- ▢ D. Il ciclone si sposta a latitudini più alte.

**22. Il periodo "Un uragano è una violenta tempesta che si forma da una perturbazione ciclonica" contiene una subordinata:**

- ▢ A. oggettiva.
- ▢ B. soggettiva.
- ▢ C. relativa.
- ▢ D. dichiarativa.

**23. L'espressione "*del dio caraibico Hurrican*" (riga 53) è:**

- ▢ A. complemento di specificazione + attributo +apposizione.
- ▢ B. complemento di specificazione +attributo.
- ▢ C. complemento di specificazione +apposizione.
- ▢ D. complemento di specificazione + 2 attributi.

**24. Alla riga 35 "più veloce e meno soggetto" sono:**

- ▢ A. aggettivi qualificativi al grado positivo.
- ▢ B. aggettivi qualificativi al grado comparativo.
- ▢ C. aggettivi qualificativi al grado superlativo relativo.
- ▢ D. un aggettivo qualificativo al grado superlativo e uno al grado comparativo.

**25. La subordinata "come è accaduto per l'uragano Katrina" (riga 33) è:**

- ▢ A. modale.
- ▢ B. comparativa.
- ▢ C. finale.
- ▢ D. consecutiva.